# Deutsch als Zweitsprache

## Sprache gezielt fördern D

**Lehrermaterialien**

Konzeptionsbeschreibung · Synopse · Anregungen · Wörterliste · Kopiervorlagen

Schroedel

**Deutsch als Zweitsprache**
Sprache gezielt fördern  D

Lehrermaterialien

Erarbeitet von
Simone Kehbel, Thomas Quehl,
Karla Röhner-Münch, Doris Senff

Auf der Grundlage von Werkstatt Deutsch als Zweitsprache D
Lehrermaterialien
Erarbeitet von Simone Kehbel, Michael Leonhardt, Thomas Quehl,
Karla Röhner-Münch, Heidi Rösch, Doris Senff
Beratung Ruth Cosson, Hans-Eberhardt Piepho

© 2012 Bildungshaus Schulbuchverlage
Westermann Schroedel Diesterweg Schöningh Winklers GmbH, Braunschweig
www.schroedel.de

Das Werk und seine Teile sind urheberrechtlich geschützt. Jede Nutzung in anderen
als den gesetzlich zugelassenen Fällen bedarf der vorherigen schriftlichen Einwilligung
des Verlages. Hinweis zu § 52a UrhG: Weder das Werk noch seine Teile dürfen
ohne eine solche Einwilligung gescannt und in ein Netzwerk eingestellt werden.
Dies gilt auch für Intranets von Schulen und sonstigen Bildungseinrichtungen.

Auf verschiedenen Seiten dieser Reihe befinden sich Verweise (Links) auf Internet-Adressen.
Haftungshinweis: Trotz sorgfältiger inhaltlicher Kontrolle wird die Haftung für die Inhalte der
externen Seiten ausgeschlossen. Für den Inhalt dieser externen Seiten sind ausschließlich
deren Betreiber verantwortlich. Sollten Sie dabei auf kostenpflichtige, illegale oder anstößige
Inhalte treffen, so bedauern wir dies ausdrücklich und bitten Sie, uns umgehend per E-Mail
davon in Kenntnis zu setzen, damit beim Nachdruck der Verweis gelöscht wird.

Druck A$^3$ / Jahr 2016
Alle Drucke der Serie A sind im Unterricht parallel verwendbar.

Redaktion: Rifka Behrendt
Illustrationen: Gabi Dors-Mager, Heike Heimrich
Layout: Andrea Heissenberg, Katja Schumann
Herstellung: Katja Schumann
Satz und technische Umsetzung: media service schmidt, Hildesheim
Druck und Bindung: westermann druck GmbH, Braunschweig

ISBN 978-3-507-**41397**-9

## Inhaltsverzeichnis

Synopse .................................... 4

Konzeption ................................ 10

Lehrermaterial
Charakteristische Übungs- und Lernfelder ....... 11

Methodisch-didaktische Grundsätze .......... 12
- KV 1* Deckblatt Ich-Heft
- KV 2* Blanko-Seite Ich-Heft

Zu den Kapiteln im Arbeitsheft ................ 14

### Das lerne ich .......................... 14

### Das kann ich schon .................... 14

### 1 Ich und du .......................... 17
- KV 3 Wir vergleichen Tiere
- KV 4* Personenbeschreibung
- KV 5* Personenbeschreibung
- KV 6* Piraten und Hexen
- KV 7* Rechenaufgaben
- KV 8 Domino

### 2 Miteinander lernen .................. 21
- KV 9* Finde die passenden Satzanfänge
- KV 10* Aus zwei mach eins!
- KV 11* Was passt zusammen?
- KV 12* So ein Durcheinander!

### 3 Was mir wichtig ist .................. 24
- KV 13* Mein Lieblingsbuch
- KV 14* Eins passt nicht dazu!
- KV 15* Eine unheimliche Begegnung
- KV 16 Der Ritterfilm
- KV 17* Was Yasmin alles sieht

### 4 Die Welt um uns herum ............ 27
- KV 18* Wem gehört was?
- KV 19* Verben auf -ieren
- KV 20 Verbscheibe

### 5 Miteinander leben .................. 30
- KV 21 Im Landheim
- KV 22* Koffer packen
- KV 23* Abfahrt
- KV 24* Sich fürchten

### 6 Sich wohlfühlen .................... 33
- KV 25 Richtig fragen
- KV 26* Aus zwei mach eins!
- KV 27* Wörterberg mit -heit

### 7 Sich orientieren .................... 36
- KV 28* Viele Berufe
- KV 29 Berufs-Memo (1)
- KV 30 Berufs-Memo (2)

### 8 Wahre Geschichten? ................ 39
- KV 31* Familienfotos von Kim und Deniz
- KV 32 Spielt zu zweit oder zu dritt
- KV 33* Was passierte wirklich?
- KV 34* Das Wettrennen

### Das habe ich gelernt .................. 42

Wörterliste ................................ 44

Kopiervorlagen ............................

* Einzelarbeitsblätter

# Synopse

## Das kann ich schon (AH: S. 4 - 7, LM: S. 14)

Wortarten
Artikel deklinieren
Zusammengesetzte und einfache Vergangenheit
Bilden langer Sätze
Satzklammer bei Sätzen mit trennbaren Verben, Perfekt und Modalverben

## Kapitel 1: Ich und du (AH: S. 8 - 13, LM: S. 17)

| Kerninhalte | Lexikalische Mittel | Syntaktische Mittel Redemittel/Mikrofonwörter | Sprachstrukturen | Kopiervorlagen |
|---|---|---|---|---|
| Lexikalische Mittel<br>Syntaktische Mittel<br>Sprachstrukturen | das Nebengebäude<br>das Schulgebäude | ... genauso ... wie<br>kleiner/größer als ... | Vergleichssätze | KV 3 - 8 |
| Personen und Dinge vergleichen | ähnlich<br>unterschiedlich<br>zweifarbig<br>zweistöckig | klein – kleiner – am kleinsten | Komparation des Adjektivs | |
| | **Wortbildung**<br>bärenstark<br>blitzschnell<br>dinosaurieralt<br>elefantendick<br>hammerhart<br>himmelblau<br>messerscharf<br>pfeilschnell<br>zitronengelb | Das ist ein roter Pullover/eine blaue Hose. Sie trägt einen roten Pullover/eine blaue Hose. | Wortgruppe: unbestimmter Artikel – Adjektiv – Nomen im Nominativ und Akkusativ | |
| Persönliche Angaben machen | | genauso gut wie ...<br>genauso groß wie ...<br>genauso viel wie ...<br>besser als ...<br>mehr als ...<br>lieber als ...<br>größer als ...<br>am liebsten | Wortbildung: Zusammengesetzte Adjektive | |
| Über Vorbilder und Idole reden | | die Freundin, die ...<br>der Freund, der ...<br>der Junge, der ... | | |
| Textsorte: Beschreibung | | beschreiben, vergleichen | | |

# Synopse

## Kapitel 2: Miteinander lernen (AH: S. 14 - 19, LM: S. 21)

| Kerninhalte | Lexikalische Mittel | Syntaktische Mittel Redemittel/Mikrofonwörter | Sprachstrukturen | Kopiervorlagen |
|---|---|---|---|---|
| Versuche planen und durchführen<br><br>Interessantes aus Büchern und Bildern erfahren<br><br>Informationen gezielt suchen<br><br>Textsorte: Lexikontext | der Blumentopf<br>die Bohne<br>die Erde<br>die Gießkanne<br>das Internet<br>der Keim<br>das Lexikon<br>die Nummer<br>die Pflanze<br>der Versuch<br>das Wachstum<br><br>basteln<br>besorgen<br>füllen<br>gießen<br>keimen<br>nachschlagen<br>nummerieren<br>pflanzen<br>wachsen<br><br>**Wortbildung**<br>gießen – die Gießkanne<br>keimen – der Keim<br>nummerieren – die Nummer<br>pflanzen – die Pflanze<br>wachsen – das Wachstum | ... brauchen ..., weil ...<br>... konnten (nicht) ..., weil ...<br><br>Erstens, zweitens, drittens ...<br><br>Dann ..., Schließlich ...,<br>Zuerst ..., Danach ..., Zuletzt ...<br><br>Mich interessiert, warum ...<br>Ich möchte wissen, was ...<br>Ich möchte wissen, ob ...<br>Ich vermute, dass ....<br>Wir haben beobachtet, dass ...<br>Wir haben herausgefunden, dass ...<br>Wir haben festgestellt, dass ... | Weil-Sätze<br>Weil-Sätze mit Modalverben<br><br>Ordinalzahlen<br><br>Satzanschlüsse mit Inversion<br><br>Wortbildung: Wortfamilien | KV 9 – 12 |

## Kapitel 3: Was mir wichtig ist (AH: S. 20 - 25, LM: S. 24)

| Kerninhalte | Lexikalische Mittel | Syntaktische Mittel Redemittel/Mikrofonwörter | Kopiervorlagen |
|---|---|---|---|
| Außerschulische Angebote nutzen | die Bücherei<br>die Bilderbücher (Plural)<br>die Detektivgeschichten (Plural)<br>die Freundschaft<br>die Forschung<br>die Gruselgeschichten (Plural)<br>das Hörbuch<br>die Krimis (Plural)<br>der Leseanfänger<br>die Lesung<br>das Lexikon<br>die Märchen (Plural)<br>die Sachbücher (Plural)<br>der Schlafsack<br>die Tiergeschichten (Plural)<br><br>**Wortbildung**<br>abholen – die Abholung<br>besichtigen – die Besichtigung<br>einladen – die Einladung<br>erzählen – die Erzählung<br>forschen – die Forschung<br>heizen – die Heizung<br>lenken – die Lenkung<br>lösen – die Lösung<br>rechnen – die Rechnung<br>retten – die Rettung<br>senden – die Sendung<br>verfilmen – die Verfilmung<br>verspäten – die Verspätung | haben gespielt, haben abgeholt, hat vorgelesen ...<br><br>... sieht den dünnen Ritter/einen dünnen Ritter.<br>... sieht die dunkle Höhle/eine dunkle Höhle.<br><br>Ich interessiere mich für ...<br>Das Buch handelt von ...<br>Mir gefallen Gruselgeschichten, weil ...<br>Am Anfang ...<br>Schließlich ...<br>Am Ende ... | Perfekt<br><br>Wortgruppe: Artikel – Adjektiv – Nomen im Akkusativ<br><br>Wortbildung:<br>Nomen mit -ung |
| Wissenswertes aus den Medien berichten | kuscheln<br>schlafen<br>schmökern<br>zuhören | | KV 13 – 17 |
| Über Freundschaft reden | bunt<br>einfarbig<br>hoch<br>niedrig | | |
| Medienkonsum untersuchen | | | |
| Texte mit Zeitangaben | | | |
| Mitteilungsfunktion:<br>Meinungen ausdrücken, begründen | | | |

## Kapitel 4: Die Welt um uns herum (AH: S. 26 - 31, LM: S. 27)

| Kerninhalte | Lexikalische Mittel | Syntaktische Mittel Redemittel/Mikrofonwörter | Sprachstrukturen | Kopiervorlagen |
|---|---|---|---|---|
| Von interessanten Orten berichten<br><br>Personen und Dinge genauer beschreiben<br><br>Ortspläne erstellen<br><br>Textsorte:<br>Wegbeschreibung | der Gabelstapler<br>die Kantine<br>die Karre<br>der Lieferwagen<br>die Palette<br>die Schürze<br><br>abwiegen<br>anbieten<br>auswählen | Wer ist der Mann, der .../die Frau, die .../das Kind, das ...<br><br>mitnehmen, auswählen, anbieten, ausladen ...<br><br>Er sucht seinen Rucksack. Er kann ihn nicht finden. Ohne ihn ...<br><br>Entschuldigung, wo ist ...?<br>Bei dem Gemüsestand ...<br>Links am ....<br>Rechts von dem Gabelstapler ...<br>Rechts neben ...<br>Wo gibt es ...?<br>Ich suche ...<br>Sie befinden sich vor dem ...<br>Wohin fährt der Gabelstapler?<br>Er fährt auf den Parkplatz.<br>Er fährt in den ... | Einfache Relativsätze<br><br>Trennbare Verben<br><br>Pronomen und Artikelwörter<br><br>Präposition (ohne) | KV 18 - 20 |

## Kapitel 5: Miteinander leben (AH: S. 32 - 37, LM: S. 30)

| Kerninhalte | Lexikalische Mittel | Syntaktische Mittel Redemittel/Mikrofonwörter | Sprachstrukturen | Kopiervorlagen |
|---|---|---|---|---|
| Außerschulische und außerfamiliäre Orte erleben<br><br>Freizeitaktivitäten planen<br><br>Textsorte: (Wochen-)Plan Postkarte und E-Mail | der Badeanzug<br>die Badehose<br>die Bettruhe<br>die CD<br>das Etagenbett<br>das Lesezeichen<br>die Nachtwanderung<br>der Rucksack<br>die Taschenlampe<br>der Tischdienst<br>der Tischtennisschläger | Um .... Uhr ist ...<br>Von ... bis ... Uhr ... können wir ...<br><br>Für ... brauchen wir ...<br>Mit ... wollen wir ... spielen.<br><br>... in einem dunklen Zimmer/mit einem runden Tisch ...<br><br>sich waschen/sich beeilen/sich freuen/sich langweilen<br><br>Nach dem Frühstück ...<br>Vor dem Abendbrot ...<br>Zwischen Mittagessen und Abendbrot ...<br>Als die Sonne schien ...<br>Am ersten Tag ...<br>Im Laufe des Tages ... | Wochenplan erstellen und verstehen<br><br>Präposition *für* und *mit*<br><br>Wortgruppe: Artikel - Adjektiv - Nomen im Dativ<br><br>Reflexive Verben | KV 21 - 24 |

## Kapitel 6: Sich wohlfühlen (AH: S. 38 - 43, LM: S. 33)

| Kerninhalte | Lexikalische Mittel | Syntaktische Mittel Redemittel/Mikrofonwörter | Sprachstrukturen | Kopiervorlagen |
|---|---|---|---|---|
| Krankheit und Gesundheit thematisieren | Hindernislauf: Start und Ziel die Lehreraufsicht die Pausenordnung der Schreck die Sorge | Hat ...? Muss ...? Kann ...? | Fragen | KV 25 - 27 |
| Jahresablauf und Monate kennen Datumsangabe machen | | Wenn ..., macht/ist ... ... macht/ist ..., wenn ... | Wenn-Sätze | |
| | | Heute ist der ... vom ... bis ... Dienstags muss ich um ... | Datumsangaben | |
| Textsorte: Bericht | durch das Gebüsch kriechen über das Drahtseil springen besorgt erschrecken sich verletzen verletzt | Sollen wir ...? Du kannst ruhig ... Du darfst nicht ..., weil ... Ich vermute, dass ... Wir sollten unbedingt ... Ihr müsst ..., damit ... | Wortbildung: Nomen mit -heit | |

## Kapitel 7: Sich orientieren (AH: S. 44 - 49, LM: S. 36)

| Kerninhalte | Lexikalische Mittel | Syntaktische Mittel Redemittel/Mikrofonwörter | Sprachstrukturen | Kopiervorlagen |
|---|---|---|---|---|
| Berufe kennenlernen | die Altenpflegerin die Arzthelferin die Ärztin der Autoschlosser der Bürokaufmann der Dachdecker der Feuerwehrmann die Friseurin die Köchin der Maler die Raumpflegerin der Zahnarzt | Dort gibt es viele Lehrerinnen und Lehrer ... | Berufsbezeichnungen | KV 28 - 31 |
| Einblicke in die Arbeitswelt bekommen | | mit einem gelben Helm/mit einem hellen Hemd ... | Wortgruppe: Artikel - Adjektiv - Nomen im Dativ | |
| Verwandtschaftsverhältnisse bezeichnen | anstreichen frisieren heilen löschen pflegen reparieren | mein/dein/sein/ihr Vater meine/deine/seine/ihre Mutter unsere Großeltern | Possessivartikel | |
| Textsorte: E-Mail | | ... kümmert sich um ... ... passt auf, dass ... ... sorgt dafür, dass ... ... hat die Aufgabe ... Wen/Was untersucht ...? Wem hilft ...? Wobei hilft ...? | | |
| Listen erstellen | | | | |

## Kapitel 8: Wahre Geschichten? (AH: S. 50 - 55, LM: S. 39)

| Kerninhalte | Lexikalische Mittel | Syntaktische Mittel Redemittel/Mikrofonwörter | Sprachstrukturen | Kopiervorlagen |
|---|---|---|---|---|
| Fabeln kennenlernen | die Comic-Reihe | aufschreiben | Dass-Sätze | KV 32 - 34 |
| Über Eigenschaften sprechen | die Fabel | beschreiben | Präteritum | |
| Meinungen ausdrücken | das Kinderbuch | erzählen | | |
| Vergangenes erzählen | das Märchen | weitererzählen | Satzverbindungen: | |
| Textsorte: Nacherzählung | | | aber, sondern | |
| | | Ich finde/glaube/meine, dass ... | | |
| | | ... beschwert sich/beklagt sich/ | | |
| | | ärgert sich, dass ... | | |
| | | redete/verliebte sich/machte/ | | |
| | | siegte/zeigte ... | | |
| | | ... ist nett, aber ... | | |
| | | ... will keine Tasche, sondern ... | | |
| | | Die Hauptfigur ist ... | | |
| | | Die Hauptfiguren sind ... | | |
| | | Die Geschichte handelt von ... | | |
| | | Mir gefallen ..., weil ... | | |
| | | Ich interessiere mich für ... | | |
| | | Am Anfang ... | | |
| | | Schließlich ... | | |
| | | Am Ende ... | | |

## Das habe ich gelernt (AH: S. 56 - 64, LM: S. 42)

Wortfamilien und Wortarten
Komparation, Vergleichssätze
Adjektivdeklination
*Dass*-Sätze, *Wenn*-Sätze, *Weil*-Sätze
Perfekt und Präteritum

## Deutsch als Zweitsprache
## Sprache gezielt fördern

### Konzeption

Die Arbeitshefte der Reihe „Deutsch als Zweitsprache" eignen sich für Kinder in der Grundschule, deren Schwierigkeiten mit der deutschen Sprache eine gezielte Förderung des Deutschen als Zweitsprache erfordern.

Diese Kinder können sich allgemein ausreichend, bisweilen sogar recht gut alltagssprachlich verständigen, weil ihre Umgangssprache vom Situationskontext, von Mimik, Gestik und der Sprachintonation unterstützt wird. Die mündliche Kommunikation unterliegt anderen Regeln als die schriftliche. So ergänzt der Zuhörer fehlende oder grammatisch nicht korrekte Endungen, Artikel oder Präpositionen quasi gedanklich, denn er will ja verstehen.

In der Schriftsprache dagegen fehlen alle diese den Inhalt verdeutlichenden Komponenten. Sie muss deshalb eindeutig, also grammatisch korrekt sein, um verstanden zu werden. Werden Kinder nicht dazu befähigt, selbst solche eindeutigen, korrekten Sätze zu bilden, bleibt ihnen später auch eine höhere Lesekompetenz verschlossen. Die Gefahr schulischen Misserfolgs liegt dann sehr nah.

Auf der Basis dieser Erkenntnisse wurden die Arbeitshefte so konzipiert, dass sich die Kinder schrittweise die Fähigkeiten für das Verstehen und Schreiben von Texten aneignen können. Dazu gehört auch, in der mündlichen Kommunikation die erworbenen Strukturen, z. B. die Artikel zu den Nomen einzuüben und anzuwenden. Das ist für die Förderpädagogen eine anspruchsvolle Aufgabe, weil die Kommunikationsfreude darunter nicht leiden darf.

Die Arbeitshefte zielen insofern auf eine umfassende Vermittlung der Sprache: Sie stellen nicht allein eine – zwingend mit Gesprächen verbundene – Wortschatzerweiterung in den Vordergrund, sondern richten ihr Augenmerk stets auf das Verstehen der gelesenen Texte und die allmähliche Durchdringung der verwendeten sprachlichen Strukturen. Im Rahmen ihres damit verbundenen Sprachhandelns werden die Kinder zu grammatisch korrekten Äußerungen geführt, ob mündlich oder schriftlich.

### Besonderheiten der Arbeitshefte
- Integrative und systematische DaZ-Förderung in Bezug auf alle Sprachfertigkeiten: Hören, Sprechen, Lesen, Schreiben
- Themen orientieren sich an der Schul- und Lebenswelt von Meral, Deniz, Alina, Niko und anderen Kindern
- Kindgerechte Visualisierung sprachlicher Strukturen
- Gezielte Wortschatzarbeit
- Training des Leseverstehens

Idealerweise setzen Sie die Arbeitshefte im DaZ-Unterricht oder als DaZ-didaktische Schleife zum Regelunterricht ein (vor allem bezogen auf Deutsch- und Sachunterricht).

Die Materialien verfolgen das Ziel, die DaZ-Kompetenz der Kinder sowie ihr implizites Sprachwissen zu strukturieren und zu entfalten.

Neben Mündlichkeit wird v.a. die schriftsprachliche Kompetenz erweitert, was nicht bedeutet, dass wir besonderes Gewicht auf die Rechtschreibung legen. I. S. des oben erläuterten Konzepts dieser Hefte wird vielmehr darauf geachtet, dass die Kinder Satzmuster erkennen, anwenden und diese zu Texten ausbauen lernen.

Die Arbeitshefte sind weder für die Stillarbeit noch als Fibel oder vollständiges Lehrwerk konzipiert. Die Inhalte orientieren sich am Unterricht der Grundschule, sind aber weder einzelnen Fächern zugeordnet, noch ersetzen sie den Regelunterricht. Vielmehr ergänzen sie die Arbeit in den Fächern.

Die Materialien, insbesondere die Spiele, können natürlich auch bei Angeboten am Nachmittag (wie der Offenen Ganztagsschule) verwendet werden.

### Niveaus der Arbeitshefte

In jedem Heft werden spiralcurricular alle DaZ-Lernbereiche mit wachsendem Schwierigkeitsgrad behandelt.

Mit welchem Heft ein Kind beginnt, richtet sich nicht nach seinem Alter oder der Klassenstufe, sondern nach seinem Sprachstand.

Heft A ist bereits vor der Alphabetisierung einsetzbar, ab Heft B wird davon ausgegangen, dass das Kind einfache Texte lesen kann.

Die Hefte folgen einer sprachlichen Progression und greifen die Schwierigkeiten auf, die DaZ-Lernende erfahrungsgemäß mit der deutschen Sprache haben. Damit sind sie grammatisch konzipiert, ohne allerdings den Kindern explizites grammatisches Wissen vermitteln zu wollen.

Es geht darum, implizites Wissen bewusst zu machen und sprachsystematisches Denken, das Kinder in ihrem natürlichen Spracherwerbsprozess anwenden, anzuregen und weiterzuentwickeln.

Konnten Sie bisher kaum Erfahrungen mit grammatisch konzipiertem Sprachunterricht gewinnen, so helfen Ihnen die Hefte, diesen Weg zu beschreiten. Die verwendeten Visualisierungen und die Erläuterungen im Lehrermaterial unterstützen Sie dabei.

Wie lange Sie mit einem Heft arbeiten, entscheiden Sie selbst. Konzipiert sind die Hefte inklusive der Angebote im Lehrermaterial jeweils für eine Zeit von ca. 80 Unterrichtsstunden (bei 2 Stunden DaZ-Förderung pro Woche entspricht das etwa einem Schuljahr).

Parallel zu den Arbeitsheften empfehlen wir das Führen eines so genannten Ich-Heftes, das auch ein Hefter sein kann. Im Hefter können die eher persönlich gehaltenen Aufgaben sowie zusätzliche Materialien und auch die Kopiervorlagen aus dem Lehrermaterial ihren Platz finden (vgl. S. 12, „Eigenes Schreiben").

| Heft A | • Vor der Alphabetisierung einsetzbar<br>• Aufbau eines Grundwortschatzes<br>• Wahrnehmungs- und Zuordnungsübungen<br>• Sprachspiele und Lieder<br>• Einschleifen einfacher Satzmuster |
|---|---|
| Heft B | • Nach der Alphabetisierung einsetzbar<br>• Wortschatzerweiterung: Nomen und Verben<br>• Formen der Nomen und Artikel<br>• Formen der Verben<br>• Einfache Satzstrukturen |
| Heft C | • Wortschatzerweiterung: Adjektive<br>• Formen der Nomen<br>• Formen der Modalverben und des Perfekts<br>• Einfache Satzstrukturen mit Modalverben und Perfekt |
| Heft D | • Wortschatzerweiterung: alle Wortarten<br>• Formen der Adjektive<br>• Vertieftes Üben der Zeiten<br>• Einfache Nebensatzstrukturen |

## Aufbau des Arbeitshefts D

Das Heft besteht aus 8 thematischen Kapiteln à 6 Seiten:
- 2 Einstiegsseiten mit Bildlexikon, passenden Redemitteln, Lesetext und Übungen zum Leseverstehen
- 3 integrative Übungsseiten mit Aufgaben zu sprachlichen Strukturen
- 1 Seite Anwendung des Gelernten, ggf. im Spiel
- seitliche Klappen als Übersicht der bisher erbrachten Leistung sowie als Überblick wichtiger im Heft verwendeter Elemente
- der inhaltliche Schwerpunkt jeder Seite findet sich in der oberen Zeile jeder Seite
- die Fußzeile, primär für die Lehrkraft gedacht, bietet einen inhaltlichen Überblick und kurze Arbeitsanweisungen

## Lehrermaterial

Das vorliegende Lehrermaterial zu den Arbeitsheften gibt grundlegende Informationen zu den Übungen im Arbeitsheft. Es enthält weitere didaktische Anregungen z. B. zur Differenzierung, Kopiervorlagen zum vertiefenden Üben und Vorschläge für Aktivitäten i. S. des interkulturellen Lernens, des Nachdenkens über Sprache oder des Transfers von Sprachwissen.

Ohne das Lehrermaterial sind die Arbeitshefte in ihrer Reichweite deutlich eingeschränkt.

## Charakteristische Übungs- und Lernfelder

### Bildlexikon:
### Erzählbild und Lexikon in einem

Jedes Kapitel beginnt mit einem großen Bild, das zum Erzählen anregen soll. Die aufgeführten Bezeichnungen helfen, den für das Thema wichtigen Wortschatz zu erweitern und zu festigen. Dabei ist es sinnvoll, die Kinder dazu anzuregen, sich gegenseitig Fragen zu stellen. Der Schwerpunkt liegt in den vorangestellten Heften A und B zunächst auf Nomen und den notwendigen Artikeln. Schon bald folgen Verben und etwas später (Heft C) die Adjektive.

### Redemittel/Mikrofonwörter

Entsprechend der Situation im Bildlexikon werden den Kindern Redemittel zur Verfügung gestellt, die situationsbedingt eingesetzt werden sollen. Zur deutlicheren Erkennung der Redemittel sind diese immer mit einem Mikrofon gekennzeichnet und in einem gesonderten Kasten aufgeführt.

### Leseverstehen

Die jeweils auf das Sprachniveau und das Thema abgestimmten Lesetexte können gelesen, nacherzählt und weitererzählt werden. Und sie regen die Kinder an, von ähnlichen Erfahrungen zu berichten.

Bei der Erstbegegnung sollte das leise Lesen den Vorrang haben, weil die folgenden Aufgaben stets differenziert darauf abgestimmt sind und so zugleich ein Überblick i.S. der Lernstandsdiagnostik ermöglicht wird.

Die sprachlichen Strukturen der Lesetexte, bzw. die zu entdeckenden grammatischen Phänomene, sollten erst Gegenstand der Betrachtung sein, nachdem das allgemeine Textverständnis gesichert wurde.

### Das Verb als „Chef":
### Sprachliche Grundstrukturen erkennen

Die Aufmerksamkeit der Kinder sollte von Anfang an auf die konjugierten Verben gelenkt werden. Dies erfolgt mit grafischer Unterstützung:

―◯― In der „Mitte" steht das Verb bei:
- einfachen Aussagesätzen: *Ich heiße Niko.*
- W-Fragen: *Wie heißt du?*
- Inversion: *Jetzt gehe ich in die Schule.*

◯― Am Satzanfang steht das Verb bei:
- Satzfragen: *Kommst du heute?*
- Aufforderungen/Imperativ: *Hole dein Heft!*

―◯―◯ In einer Satzklammer stehen die Verben in:
- Sätzen mit Modalverben:
  *Wir können zusammen spielen.*
- Perfekt-Sätzen: *Er ist auf den Baum geklettert.*
- Sätzen mit trennbaren Verben:
  *Ich fahre mit dem Rad los.*

Zur Verdeutlichung werden trennbare Verben extra gekennzeichnet.

⌒―⌒ In einer großen Satzklammer stehen die Verben in:
- Satzfragen: *Können wir zusammen spielen? Ist er auf den Baum geklettert? Fährst du mit dem Rad los?*
- Aufforderungen/Imperativ mit trennbaren Verben: *Fahr mit dem Rad los!*

―,―⌒ Am Satzende stehen die Verben bei *Dass-*, *Wenn-*, und *Weil*-Sätzen.

Auf diese Weise erfassen die Kinder die Struktur der deutschen Sprache intuitiv und wenden sie zunehmend sicher an. Das Einkreisen der Verben und das Schreiben in vorgedruckte Satzmuster helfen bei diesem Prozess.

### Sprachliche Rituale und Satzmuster

Unverzichtbar ist die konsequente Verwendung sprachlicher Rituale (z. B.: Zum Unterrichtsbeginn nennt ein noch sprachunsicheres Kind jeweils das Datum/ den Wochentag/ die geplanten Unterrichtsinhalte anhand der Piktogramme an der Tafel etc.; ähnliches Vorgehen am Ende der Stunde ...). Dabei helfen den Kindern bestimmte Vorgaben eine Ausdrucksform Schritt für Schritt zu erwerben, zu trainieren und schließlich selbstständig anzuwenden. Die Arbeitshefte geben, unterstützt vom Lehrermaterial, viele solcher Muster vor, die im Unterrichtsgespräch trainiert, gefestigt und spielerisch vertieft werden.
Ein Tipp: Achten Sie darauf, sich auch bei Ihren Anweisungen und Erklärungen jeweils auf klare, relativ gleichbleibende Satzmuster zu konzentrieren.

## Methodisch-didaktische Grundsätze + KV 1–2

### Mündliche Kommunikation

Besondere Bedeutung beim Spracherwerb von Kindern hat die unmittelbare, mündliche Kommunikation.
Deshalb bieten die Arbeitshefte zahlreiche Kommunikationsanlässe für Partner- oder Gruppengespräche. Alle Übungen sind in kindliches Sprachhandeln einzubetten. Dazu finden Sie im Lehrermaterial konkrete, hilfreiche Anregungen sowie zusätzliche Spiele und Ideen.

### Handlungsorientierung

Mit allen Sinnen lernen heißt für DaZ-Kinder: begreifen, erfühlen, singen, Rhythmus und Sprachmelodie erfahren. Die Arbeitshefte sind Basis für einen solchen, lebendigen Unterricht, in dem die Kinder ihre DaZ-Kenntnisse aktiv einsetzen und handelnd ausweiten.

### Grammatik entdecken

Kinder bilden beim Spracherwerb (auch beim Zweitspracherwerb) Hypothesen über die Struktur der Sprache, wenden diese an und verfeinern sie auf dem Weg zur Zielsprache. Diese kognitive Grundausstattung nutzen wir in vielen Übungen und Aktivitäten, über die die Kinder angeregt werden sollen, Regelmäßigkeiten zu erkennen, Regeln zu überprüfen und dabei über Sprache nachzudenken.

### Differenzierung

In allen Arbeitsheften wird eine Differenzierung innerhalb der Klasse oder Fördergruppe verfolgt. Viele Übungen können die Kinder nach ihrem Vermögen bearbeiten. Auch müssen nicht immer alle Aufgaben einer Übung gelöst werden. Was zählt, ist der individuelle Lernzuwachs. Das Lehrermaterial ergänzt zusätzliche Übungsangebote auf unterschiedlichen Lernniveaus (zur Differenzierung durch fettgedruckte Hervorhebung in der Lehrerzeile, meist in direkter Ansprache der Kinder).

### Spiralcurriculum

Wiederholung, Wortschatzfestigung und das Einschleifen von Satzstrukturen nehmen in unseren Materialien einen breiten Raum ein. Diese Prinzipien können im Unterricht zusätzlich dadurch unterstützt werden, dass Sie ausgewählte Kopiervorlagen – z. T. leicht modifiziert – mehrfach einsetzen und die angebotenen Strukturübungen v. a. im mündlichen Bereich mit unterschiedlichen Wortfeldern trainieren oder spielerisch üben.

### Mehrsprachigkeit

Jedes Erlernen einer Sprache ist Teil der gesamten Persönlichkeitsentwicklung eines Kindes. Die Kinder sollten sich daher auch bei der Arbeit mit den DaZ-Heften in ihrer Mehrsprachigkeit anerkannt fühlen. Mehrsprachigkeit sollte im Unterricht hör- und sichtbar gemacht, als Normalität erfahrbar und nach Möglichkeit in die Aktivitäten einbezogen werden. Das Nachdenken über Sprache wird somit angeregt (weitere Infos siehe Heft B, S. 13).

### Genuspunkte: Mit Farbe lernen

Beim Erwerb der deutschen Sprache ist nicht nur für DaZ-Kinder die Verwendung des richtigen Artikels ein hartnäckiger Stolperstein. Nomen sollten daher immer mit ihrem Artikel eingeführt und gelernt werden. Nachdem in Heft A mit farbigen Punkten die Genuszugehörigkeit erstmals veranschaulicht wurde, wird in Heft B ab Kapitel 2 die konsequente Arbeit mit farbigen Genuspunkten praktiziert. Das auffällige, einprägsame Rot wurde ganz bewusst für das Maskulinum, das Genus mit dem höchsten Schwierigkeitsgrad gewählt, es erfordert die meisten Artikel-Wechsel und Veränderungen am Wortende. Im Heft erscheint deshalb folgende Farbgebung:

der/ein = Rot
die/eine = Blau
das/ein = Gelb

Vom herkömmlichen „Blau" für männlich und „Rot" für weiblich wurde zugunsten der Signalwirkung von Rot abgewichen, denn für die Mehrzahl der Nomen ist das biologische Geschlecht ohnehin irrelevant - **der** Stift ist nicht männlich und **die** Schere nicht weiblich. **Das** Kind und **das** Baby hingegen sind entweder männlich oder weiblich. Wobei **das** Mädchen weiblich ist.

Die Kinder sind durchgängig aufgefordert, die Genuspunkte auszumalen und/oder dem Farbpunkt entsprechend den fehlenden Artikel zu ergänzen. Dadurch soll sich das Genus des Nomens, das unbedingt gelernt werden muss, weil es weder abgeleitet noch irgendwie logisch begründet werden kann (ausgenommen die biologisch begründeten Genera), fest einprägen. Dazu gehört, dass auch die Kasus-Artikel des Akkusativs und Dativs stets in der jeweiligen Genusfarbe ausgemalt werden.

Weil das Genus des Nomens im Plural selbstverständlich erhalten bleibt, das Artikelsystem aber für alle drei Genera gleich ist (*die - die - den*), wird bei Übungen im Plural im allgemeinen auf den Genuspunkt verzichtet. Zu Übungs- oder Kontrollzwecken könnte er aber durchaus eingefügt werden.

### Die Umschlagklappen

Jedes Heft dieser Reihe verfügt über seitliche Umschlagklappen. Diese geben den Kindern einen Überblick über die verwendeten Piktogramme, Genusfarben, Wortarten und Fachbegriffe.

Zu jeder einzelnen Aufgabe gibt es auf den Umschlagklappen ein farblich zugeordnetes Feld, das nach dem Erledigen der Aufgabe von den Kindern durchgestrichen wird. Dadurch erhalten sie einen Überblick über ihren erbrachten Lernstand.

### Eigenes Schreiben (KV 1 + 2)

Eine Erweiterung der Sprachmöglichkeiten ist für das Kind immer auch eine Erweiterung seiner Handlungsmöglichkeiten. Daher erscheint es wünschenswert, dass die Kinder die gelernten Wörter und Sprachstrukturen nicht nur in einem Arbeitsheft, sondern auch in eigenen Texten anwenden. Dafür möchten wir vorschlagen, das Ich-Heft zu führen, in dem die Kinder die sprachlichen Inhalte noch einmal auf ihre eigene Lebenswelt beziehen können. Bei solchen eigenen Texten (oder Beschreibungen der eigenen Zeichnungen) ergeben sich zudem zahlreiche Möglichkeiten der Differenzierung. Für die Gestaltung des Ich-Heftes sind zwei Kopiervorlagen vorgesehen (KV 1-2).

Über Aktivitäten wie ein Befragen der Eltern kann an dieser Stelle auch der Aspekt Mehrsprachigkeit noch einmal einbezogen werden.

### Selbstkompetenz stärken – Selbstständigkeit fördern durch Piktogramme

Situationen, in denen das Kind selbstständig agieren kann und in denen es sich als handlungskompetent wahrnimmt, bestärken es in seinem Zutrauen zu sich selbst. Motiviert und experimentierfreudig geht es auch auf andere Lern- bzw. Arbeitssituationen zu.

Damit die Kinder in Teilen auch selbstständig mit dem Arbeitsheft umgehen können, sind an geeigneten Stellen Arbeitsimpulse in Form von Piktogrammen gegeben.

Zusätzlich wird das selbstständige Arbeiten durch die Vorgabe von Beispielen unterstützt.

 sprich Wörter und Sätze laut und deutlich

 lies den Text

 hierzu brauchst du einen Stift

 hier kannst du malen

 schneide aus und klebe ein

 hier wird gespielt

 male die Punkte in den richtigen Farben aus (rot, blau, gelb)

 schreibe in ein anderes Heft

 diese Aufgabe machst du mit einem Partner

 diese Aufgabe machst du in der Gruppe

### Hilfreiche Materialien

Deutsch als Zweitsprache. Grundlagen, Übungsideen und Kopiervorlagen zur Sprachförderung. Hrsg. von Heidi Rösch. Schroedel Verlag, Braunschweig 2003. ISBN: 978-3-507-41295-8.

Flashcards: Bildkarten für den Sprach- und Förderunterricht. Deutsch, Englisch, Türkisch.
Schroedel Verlag, Braunschweig 2003.
ISBN: 978-3-507-02569-1

Spielen und Sprechen. Spielzeug, Schulsachen, Nahrungsmittel. Schubi Verlag, Braunschweig 2007.
ISBN: 978-3-86723-004-9

## Das lerne ich

### Seite 2 + 3: Inhalt und Umschlagklappen

**Fokus**
Einstimmung auf das Arbeiten mit dem Heft.

**Anregungen**
Gemeinsam mit den Kindern die Inhaltsseiten anschauen, die Kinder beschreiben lassen und darüber reden.

- Bilder/Illustrationen
  *Was seht ihr auf den Bildern? Was passiert da? Wie viele Bilder seht ihr?*
- Kapitel
  *Wie viele Kapitel gibt es? Wie heißen die Kapitel? Was passiert wohl in den Kapiteln? Wie findet ihr die Kapitel? Was ist da wohl zu tun?*
- Seiten
  *Wie viele Seiten gibt es? Was bedeuten die Punkte?*
- Umschlagklappen
  *Wozu könnten die Umschlagklappen hilfreich sein? Habt ihr die Punkte auf den einzelnen Seiten gesehen? Was haben die Punkte mit den Umschlagklappen zu tun?*
  *Haben die unterschiedlichen Farben eine Bedeutung?*
- Für den Fall, dass bereits mit Heft B gearbeitet wurde:
  *Erkennt ihr die Kinder wieder? Wisst ihr noch wie sie heißen?*

Die Kinder werden dazu angeregt, alle ihre erledigten Aufgaben auf den Seiten mittels der Umschlagklappen zu markieren. Wurde eine Aufgabe erledigt, wird das entsprechende Aufgabenfeld auf den Klappen durchgestrichen.

## Vorkapitel
## Das kann ich schon

**Fokus**
Die SchülerInnen erhalten durch die Kinder Deniz, Meral, Niko und Alina zur Wiederholung eine kurze Zusammenfassung des Lerninhaltes der Hefte B–C. Anhand von ihnen bekannten Aufgaben werden die Kinder auf ihre Arbeit mit dem Heft eingestimmt: so sind Nomen und Artikel zuzuordnen, Genusfarben zu bestimmen, Singular und Plural zu unterscheiden, bestimmte und unbestimmte Artikel einzusetzen, Akkusativ und Dativ zu verwenden.
Die verschiedenen Arbeitsformen wie Aufgabenbesprechung in der Lerngruppe, mündliche Vertiefung durch Sprachspiele, Ausführen von Aufgaben im Klassenverband und in Partnerarbeit zeigen ihnen, dass sie mit dem Heft nicht allein gelassen werden.

### Seite 4: Wir vergleichen Sprachen

**Fokus**
Kinder, die in ihre Zwei- oder Mehrsprachigkeit hineinwachsen, erfahren, dass sich die grammatischen Systeme, die die Sprachen organisieren, voneinander unterscheiden. Eine DaZ-Förderung, die den ungesteuerten um einen gesteuerten Spracherwerb ergänzt, vermittelt grammatisches Wissen nicht als ein abstraktes, sondern ist sinnvollerweise in die Zusammenhänge sprachlichen Handelns eingebunden.
Beim Konstruieren der Zweitsprache erfahren Kinder und Lehrkräfte, dass manche Schwierigkeiten in den Unterschieden zwischen den grammatischen Systemen der Sprachen begründet sind. Die bei der alltagsweltlichen Zweisprachigkeit vorhandene Notwendigkeit, zwischen den Sprachen zu wechseln, ist für die Kinder aber auch eine kognitive Ressource im Hinblick auf Sprachbewusstsein und -lernen. Die Seite dient als Anlass, mit den Kindern über Unterschiede der Sprachen zu sprechen.
Der untere Teil der Seite zeigt zusammengesetzte Wörter – eine Möglichkeit, die im Deutschen eine wichtige Rolle bei der Wortbildung spielt.
Darüber hinaus ist es sehr wichtig, die mehrsprachigen Fähigkeiten der Kinder anzuerkennen und in der Schule nach Wegen zu suchen, diese Ressourcen sichtbar zu machen.

**Aufgabe 1**
Mithilfe der Illustrationen wird über Unterschiede zwischen den Sprachen gesprochen: Ist ein Artikel vorhanden? Wie viele Genera gibt es? Wie werden Adjektive in verschiedenen Genera gebildet und wo stehen sie? Gibt es zusammengesetzte Nomen und wie werden sie gebildet? Dies ist als eine Gesprächsanregung zu verstehen, es geht nicht um die detaillierte Vermittlung der Grammatik verschiedener Sprachen im „Schnellkurs".
Exemplarisch sind hier die Sprachen Türkisch, Polnisch und Italienisch aufgeführt. Die Übersetzungen entsprechen jeweils dem deutschen Text auf der Tafel und sind wie folgt angeordnet:

Bild oben, Sprechblase oben links: türkisch
| | |
|---|---|
| Fil güçlü. | güçlü fil |
| Kedi çizgili. | çizgili kedi |
| Kobay küçük. | küçük kobay |

Bild unten, linke Sprechblase: türksich
Ders saatleri
Okul çantasi
Matematik kitabi

Bild oben, Sprechblase unten links: italienisch
L'elefante é forte.                il forte elefante
Il gatto é a righe.                il gatto a righe
Il porcellino d'india é piccolo.   il piccolo porcellino
                                   d'india

Bild unten, mittlere Sprechblase, italienisch:
l'orario
lo zaino
il libro di matematica

Bild oben, Sprechblase unten rechts: polnisch
Słoń jest silny.                   silny słoń
Kot jest pręgowany.                pręgowany kot
Świnka morska jest mała.           mała świnka morska

Bild unten, rechte Sprechblase: polnisch
plan lekcji
tornister
książka do matematyki

### Weitere Anregungen
- Es wird mit den Kindern thematisiert, welche Erinnerungen sie an das Lernen ihrer Sprachen haben.
- Kinder, die eine andere Sprache als Türkisch, Polnisch oder Italienisch sprechen, gestalten Sprechblasen oder Plakate analog zu der oberen Zeichnung. Die Plakate werden aufgehängt und sind auch für die einsprachigen Kinder sichtbar.
- Weitere zusammengesetzte Wörter werden in verschiedenen Sprachen gesucht und „vorgestellt".
- Sinnvoll ist es selbstverständlich auch darüber zu sprechen, „was für ein Gefühl es ist, eine Sprache zu lernen" und „immer mehr sprechen zu können ..."

### Seite 5: Wörter sortieren

### Fokus
Die in den vorherigen Arbeitsheften bearbeiteten Wortarten sollen am bekannten Wortschatz wiederholt werden, indem die Kinder die Wörter in der Wörterkiste erkennen und dann entsprechend zuordnen. Anschließend werden einige in Zusammenhang gebracht, indem mit ihnen Sätze gebildet und Fragen gestellt werden.

### Aufgabe 1
Die umrandete Wörterkiste beinhaltet 11 Nomen, 5 Verben im Infinitiv, 5 Adjektive, 5 Fragewörter und 5 Präpositionen. Beim Lösen der Aufgabe kann die Anzahl der Wörter als Hilfe genannt werden. Das Färben der Artikelpunkte und Einkreisen der Verben ist den Kindern aus den vorherigen Heften hinlänglich bekannt. Die Merkmale der Adjektive müssen ggf. wiederholt werden.

### Aufgabe 2
Sind die fünf kleinen Wörter (Präpositionen) gefunden und aufgeschrieben worden, sollten die Kinder versuchen zu erklären und unbedingt Beispiele dafür finden, wofür man sie braucht.

### Aufgabe 3
Diese Aufgabe birgt aus sich heraus reiche Differenzierung, denn es können kurze Sätze mit Hilfsverben oder auch längere mit solchen Verben gebildet werden, die einer oder mehrerer Ergänzungen bedürfen. Die Kinder sollten sich ihre Sätze gegenseitig vorher sagen um zu prüfen, ob sie „richtig klingen".

### Aufgabe 4
Das gegenseitige Beantworten der Fragen leitet das Sprachspiel ein: Die drei „normalen" Sätze sollen auch zur Frage werden. *Wem gelingt das allein durch das Sprechen im Frageton? Wer kann den Satz zur Frage umformen?* Die Lehrperson gibt ein Beispiel vor und lässt das mehrfach nachahmen.

### Weitere Anregungen
- Zu den Wortarten beliebig viele andere Wörter finden
- Die vorgegebenen Nomen mit bestimmtem und unbestimmtem Artikel sowie im Plural nennen (als Dreieraufgabe, nacheinander je eine Form sagen)
- Die Verben *sein* und *haben* in allen Personalformen im Singular und Plural nennen
- Zu den Adjektiven jeweils das Gegenteil nennen

### Seite 6: Ein Picknick im Park – jetzt und danach

### Fokus
Der Schwerpunkt dieser Wiederholung liegt auf der Deklination der Artikel und der Bildung sowohl der zusammengesetzten als auch der einfachen Vergangenheit.
Alle drei Aspekte werden an einem fast gleich bleibenden Text bearbeitet.

### Aufgabe 1
Es gilt, den richtigen bestimmten Artikel im Nominativ, Dativ oder Akkusativ einzusetzen; auch zwei unbestimmte Artikel müssen platziert werden. Zur Unterstützung kann der eingesetzte Artikel in der Übersicht jeweils abgestrichen werden. Nach Abschluss ist es günstig, zum Vergleichen den vollständigen Text für alle laut vorzulesen.

### Aufgabe 2
Das Umformen der Sätze in das Perfekt zum rückblickenden Erzählen des Geschehens wird sicherlich problemlos gelingen. Zur Erleichterung stehen die Verben im Präteritum neben der Grundform.

## ◐ Differenzierung
**Aufgabe 3**
Die Aufgabe soll nur von den Kindern gelöst werden, die mit der vorangegangenen keine Probleme hatten.
Der Text wird in der Form fortgeschrieben, wie er beispielhaft begonnen wurde.

**Weitere Anregung**
Beide Vergangenheitsformen lassen sich durch folgendes unmittelbares Nebeneinanderstellen intensiv üben:
Die Lehrperson „liest" einen Satz im Präteritum vor und die Kinder „übersetzen" ihn für jemanden, der vorerst nur Perfekt-Sätze verstehen kann.

### Seite 7: Lange Sätze? Kann ich auch!

**Fokus**
Die Kinder können zeigen, dass ihnen durch die Orientierung an einem Beispiel- oder Fragesatz das Bilden längerer Sätze gelingt.

**Aufgabe 1**
In dieser Aufgabe wird zunächst die Anwendung der Verbklammer bei trennbaren Verben wiederholt.

**Aufgabe 2 + 3**
In beiden Aufgaben erinnert das Einfärben der Genuspunkte an die richtigen Ergänzungen im Dativ (nach *mit* bzw. *wo?*) und im Akkusativ nach den Fragen *wohin?* oder *was?*

# 1 Ich und du

## Seite 8: Einstiegsseite/Bildlexikon

### Fokus
Der grammatische Schwerpunkt wird im Zusammenhang eines Vergleichs zweier Schulen und der Beschreibung von Kindern auf einem Klassenfoto eingeführt.
Der Fokus liegt dabei auf der Komparation, der Steigerung des Adjektivs. Dabei geht es einerseits um die grammatikalische Seite der Formenbildung und die unregelmäßig gesteigerten Formen häufiger Adjektive (gern, lieber, am liebsten etc.), andererseits darum, wie diese Formen bei Vergleichen syntaktisch in die Sätze eingebunden sind und als Redemittel bei Beschreibungen und Vergleichen benutzt werden (*genauso gut wie, besser als*, usw.).
Hinsichtlich der Mitteilungsfunktion und Textsorte liegt der Schwerpunkt auf dem Bereich des Identifizierens und der Beschreibung. In diesem Kontext wird die Akkusativbildung des Adjektivs in Verbindung mit dem unbestimmten Artikel geübt.

### Bildlexikon/Erzählbild
das Nebengebäude, das Schulgebäude

hellblau, zitronengelb, zweifarbig, zweistöckig

### Redemittel/Mikrofonwörter
*... genauso gut wie ... | genauso groß wie ... | genauso viel wie ... | besser als ... | mehr als ... | lieber als ... | größer als ... | am liebsten |*
*beschreiben | vergleichen | ähnlich | unterschiedlich |*
*die Freundin, die ... | der Freund, der ... | der Junge, der ...*

### Aufgabe 1
Im Gespräch vergleichen die Kinder die beiden abgebildeten Schulen und begründen, wenn ihnen eine Schule besser gefällt als die andere. Dabei können sie die Redemittel (Mikrofon-Wörter) nutzen und erfahren, was sie mit diesen ausdrücken können.

### Aufgabe 2
Die Kinder stellen sich gegenseitig Fragen zu den beiden Schulen und zu den auf dem Klassenfoto abgebildeten Kindern. Dabei können sich unterschiedliche Schwierigkeitsniveaus der Fragen vor allem auch durch die Verwendung der Redemittel des Bildlexikons ergeben:
*Warum sind ... und ... unterschiedlich/ähnlich?*
Bei der Verwendung von Formulierungen mit Relativsätzen können die Kinder erfahren, dass eine Person mit einer solchen Konstruktion genauer identifiziert werden kann: *Was trägt der Junge, der rechts von Kim steht?*

### Differenzierung
Die Verwendung der Relativsatzkonstruktion kann an dieser Stelle als Differenzierung zum Schwereren eingeführt werden. Sie wird hier verwendet als eine grammatische Konstruktion, die den Bereich des Beschreibens und Identifizierens erweitert und ist daher für die Kinder anwendungsorientiert mit der Vignette (Mikrofon-Wörter) als Redemittel gekennzeichnet. Ausführlich wird auf die Konstruktion des Relativsatzes in Kapitel 2, S. 18 eingegangen.

### Aufgabe 3
Die Kinder werden zu einem Gespräch über das Umziehen und die damit verbundenen Erfahrungen und Gefühle angeregt.

### ☺ Aufgabe für das Ich-Heft
*Sammelt Fotos, Karten oder Bilder aus dem Internet von zwei unterschiedlichen Schulen oder Orten.*
Die Kinder können diese den anderen vorstellen, dazu im Ich-Heft schreiben oder ihren Ortswechsel auf einem Plakat gestalten.

## Seite 9: In der neuen Schule + KV 3

### Fokus
Der Fokus der Seite liegt auf dem Leseverstehen und den sprachlichen Elementen, mit denen Beschreibungen und Vergleiche häufig umgesetzt werden: Adjektive und ihre Steigerungsformen, Zusammensetzungen bei Nomen und Adjektiven und die Redemittel, auf die bei der Komparation zurückgegriffen wird. Für die Kinder sind sie auf Seite 8 als Mikrofonwörter markiert und zeigen, wie durch *als* und *wie* die Verbindung zum Vergleichsobjekt hergestellt wird. Den Kindern ist die Komparation aus anderen Unterrichtszusammenhängen als „Steigerung" des Adjektivs bekannt.

### Aufgabe 1
Die Aufgabe erfordert ein Zurückgehen zum Text, um genau nachzulesen.

### Aufgabe 2
Hier sollen die Kinder die zusammengesetzten Wörter unterstreichen: *das Schulgebäude* (als Beispiel vorgegeben), *zweistöckig, zweifarbig, Erdgeschoss, hellblau, zitronengelb* und *Nebengebäude*. Implizit machen die Kinder dabei die Erfahrung, dass solche Wortzusammensetzungen aus unterschiedlichen Wortarten bestehen können.

### Weitere Anregung
Im Klassengespräch kann angesprochen werden, wie solche Wortzusammensetzungen zustande kommen und wie man sich bei Wörtern, die man erst einmal nicht versteht, gewissermaßen „auf die Suche nach der Bedeutung" machen muss. Sowohl eine gewisse Flexibilität (*Was könnte*

das bedeuten?) als auch ein Verständnis dafür, dass Bedeutungen bzw. Begriffe festgelegt sind (*Ein Nebengebäude ist das Haus neben dem Hauptgebäude, nicht aber das Haus des Nachbarn ...*) gehören mittelfristig zu den Strategien, wenn Kinder Komposita „knacken" wollen.

### Aufgabe 3
Hier wird die Aufmerksamkeit der Kinder direkt auf das Vergleichen und die zuvor genannten Konstruktionen bei der Komparation gerichtet: *genauso groß wie* und *größer als* (beide als Beispiele vorgegeben), *mehr als, besser als, genauso alt wie, älter als, lieber, am liebsten*.
Zu den Wörtern, die herausgesucht werden sollen, gehören aber auch *ähnlich, unterschiedlich* und *in demselben Haus wie*.

### Kopiervorlage 3
Bei einer Differenzierung zum Leichten kann die KV 3 eingesetzt werden. Sie zeigt 12 Tiere, die in einem ersten Schritt benannt und deren Genuspunkte korrekt angemalt werden. Nach dem Zerschneiden des Sterns bieten sich verschiedene Möglichkeiten:
Es können Reihen gebildet werden mit dem Sprachmuster *... ist schneller als ..., ... ist langsamer als ..., ... ist größer als ..., ... ist kleiner als ...* oder es bieten sich Partnerspiele an (siehe Anleitung auf der KV).

---

## Seite 10: Erzähle mal von deinen Freunden ...

### Fokus
Die Komparationsformen kommen im Kontext von Personenbeschreibungen zur Anwendung.
Der Tipp fokussiert auf die Wortart des Adjektivs und auf seine Funktion beim Beschreiben und Vergleichen. Der zweite Teil benennt die regelmäßige Form der Steigerung.

> **TIPP** Mit Adjektiven kannst du Personen, Dinge oder auch Verben genauer beschreiben und vergleichen.

Der Dialog schließt an den vorherigen Lesetext an.
Die Kinder können ihn mit verteilten Rollen lesen, die Szene anschließend frei nachspielen und in einem dritten Schritt eine eigene Szene z. B. mit zwei Telefonen improvisieren. Es ist günstig, den Kindern durch eine Zuordnungsaufgabe an der Tafel (o. Ä.) die verschiedenen Arten der Formenbildung bei der Steigerung bewusst zu machen: Regelmäßig wie bei *klein, kleiner, am kleinsten*; regelmäßig mit Vokalwechsel wie *alt, älter, am ältesten* und *jung, jünger, am jüngsten* und unregelmäßig wie bei *gut, besser, am besten* und *viel, mehr, am meisten*.

### Aufgabe 1
Ging es im vorgegebenen Dialog um Kims neue Freundin Samira, so können die Kinder nun einen analogen Text zu Kims neuem Freund Kevin in Sprechblasen gestalten. Sie greifen dabei auf den Lesetext von Seite 9 und auf die aufgeführten Steigerungsformen zurück.

> **TIPP** Adjektive kannst du steigern:
> schnell – schneller – am schnellsten.

### Weitere Anregungen
- Die Formen werden bei einer sog. Angeber-Pantomime geübt. Jeweils drei Kinder sind ein Angeber-Team, das den Zuschauern ein Adjektiv vorspielen muss. Das erste Kind spielt die Grundform, das zweite die Steigerungsstufe, das dritte Kind die Höchststufe: Ich bin müde, ich bin müder, ich bin am müdesten, wobei sich die pantomimische Darstellung entsprechend steigert. Die Lehrkraft kann das Spiel durch vorgegebene Adjektive lenken oder es können von den Kindern selbst gewählte Adjektive verwendet werden.
- Variation „Werbung": Mein Fahrrad ist schnell – mein Fahrrad ist genauso schnell wie dein Fahrrad, aber seine Klingel ist lauter – mein Fahrrad ist schneller als eure Fahrräder und seine Klingel ist am lautesten ...
- Bewegungsspiel: Mit geschlossenen Augen versuchen die Kinder, sich der Größe nach in einer Reihe aufzustellen. Dies kann anschließend versprachlicht werden.

### Differenzierungen
- Nach der mündlichen Vorübung schreiben die Kinder einen Text über einen Freund/eine Freundin und wenden dabei die Komparation an.
- Über einen Freund oder eine Freundin gibt es natürlich mehr zu schreiben als nur Komparationssätze.
Als Differenzierung zum Schweren ist es daher sinnvoll, die Übung als Grundlage für einen ausführlicheren Text über Freundinnen und Freunde zu verwenden. Dieser Text kann bereits hier oder aber im späteren Verlauf der Arbeit an diesem Kapitel geschrieben werden, wenn die Kinder auf weitere Übungen des Identifizierens und Beschreibens zurückgreifen können.

## Seite 11: Die neuen Mitschülerinnen und Mitschüler + KV 4 – 7

### Fokus
Im Zusammenhang mit der Sprachhandlung des Identifizierens bzw. der Textsorte der Beschreibung wird der Akkusativ des Adjektivs mit dem unbestimmten Artikel eingeführt.

### Aufgabe 1
In Verbindung mit dem unbestimmten Artikel ändert sich die Endung des Adjektivs lediglich im Maskulinum und bleibt in den anderen beiden Genera gleich. Die Kinder kennen dieses Phänomen bereits aus der Beschäftigung mit dem Akkusativ. Sie sehen sich die aufgeführten Beispiele am Seitenanfang an. Die Wortkarten mit den Bezeichnungen „der"-Wörter, „die"-Wörter und „das"-Wörter unterstützen sie beim Herausfinden dieses Sachverhalts.

### Aufgabe 2
Es bietet sich an, die Kinder vor der schriftlichen Bearbeitung der Aufgabe ein Ratespiel spielen zu lassen.
Dabei beschreiben sie jeweils eines der abgebildeten Kinder so genau, dass dieses von den Mitspielern erraten werden kann. Die Kinder üben dabei mündlich die Akkusativbildung auch als Vorbereitung zu späteren Eigentexten bzw. Personenbeschreibungen.
Der Lückentext der Aufgabe sieht unterschiedliche Satzmuster vor. Einzusetzen sind: unbestimmter Artikel und Adjektiv; unbestimmter Artikel, Adjektiv und Nomen sowie in der dritten Zeile beim Relativsatz unbestimmter Artikel, Nomen, bestimmter Artikel und Adjektiv. Auf diese unterschiedlichen Satzmuster sollten die Kinder vor der Bearbeitung der Aufgabe hingewiesen werden.

### ◐ Differenzierung
Zur zusätzlichen Verdeutlichung können ein Tafelanschrieb oder Wortkarten den Kindern den Rückgriff auf die Tabelle mit der Akkusativbildung bei den drei Genera erleichtern. Als eine weitere Differenzierung zum Leichten kann auf die unterschiedlichen Satzanfänge und -muster verzichtet werden. Die Kinder bilden dann auch schriftlich einfachere Sätze nach dem Muster der Tabelle und der zuvor mündlich geübten Beschreibungen.

### Aufgabe 3
Was sie beim Raten „nicht-sprachlich" getan haben, sollen die Kinder nun sprachlich vollziehen: sie vergleichen die abgebildeten Kinder und wenden dabei unterschiedliche Satzmöglichkeiten an. *Der Junge hat ..., aber der Junge trägt...*
In einer Differenzierung zum Schweren erfahren die Kinder, dass der Komparativ des Adjektivs auch attributiv verwendet werden kann: *dieses Mädchen hat längere Haare als dieses Mädchen ...*

### Aufgabe 4
Abschließend wird in einer mündlichen Übung sowohl die Akkusativbildung als auch die Beschreibung einer Person noch einmal im Ratespiel mündlich geübt.

### 📄 Kopiervorlage 4
**Personenbeschreibung**
Die SchülerInnen malen eines der beiden Kinder aus und schreiben dazu eine Personenbeschreibung. Je nach Leistungsstand können sie beim Verfassen dieser Texte auf unterschiedliche Satzmuster zurückgreifen, um so den Text abwechslungsreicher zu gestalten. Durch das Einkreisen des Verbs kann dabei dessen Stelle an zweiter Position im Satz noch einmal bewusst gemacht werden.

### 📄 Kopiervorlage 5
**Personenbeschreibung**
Analog wird mit der Kopiervorlage 5 verfahren. Die Bilder der Fußballspielerin, des Bauarbeiters, des Piraten und der Hexe werden vom Kind individuell gestaltet und die Figuren anschließend beschrieben. Beim Schreiben eigener Fantasiegeschichten können die Kinder insbesondere auf ihre Beschreibungen des Piraten und der Hexe zurückgreifen und so erfahren, dass die genaue Beschreibung einer Person auch ihre Geschichten interessanter und anschaulicher machen kann.
Werden die selben angemalten Motive nebeneinander gelegt, so eignen sie sich zu einem Ratespiel analog der Seite 10 oder auch zu einem Angeber-Kartenspiel, bei dem neben den Steigerungsformen auch die Komparation mündlich geübt werden kann (*mein Pirat ist genauso stark wie deiner, aber mein Pirat ist gefährlicher als dein Pirat, weil ...*). Vgl. KV 4.

### 📄 Kopiervorlage 6
**Piraten und Hexen**
KV 6 knüpft an KV 5 an und dient dem vertiefenden Üben der Komparation. Im Zusammenhang mit den von den Kindern ausgemalten Figuren wird der Anschluss an das Vergleichsobjekt mit *wie* und *als* geübt.

### 📄 Kopiervorlage 7
Die Kinder lösen die Textaufgaben und üben dabei die Komparationsformen in einem mathematischen Kontext. Umgekehrt dient dies als Übung von Mathematikaufgaben, in denen der Komparation häufig eine Schlüsselstellung zukommt. Zur Differenzierung nach oben und weiterer Klärung können die Kinder analog zu diesen Aufgaben eigene Sachaufgaben verfassen, die sie sich gegenseitig stellen oder damit eine Karteikartensammlung in der Klasse anlegen.

## Seite 12: Beschreibe das mal genauer! + KV 8

### Fokus
Zusammengesetzte Nomen und Adjektive dienen der genaueren Bestimmung des jeweils zweiten Wortes. Texte lassen sich mit diesem Worttyp interessanter und oft auch anschaulicher gestalten.

> **TIPP** Du kannst Wörter noch genauer machen, wenn du zusammengesetzte Adjektive und zusammengesetzte Nomen benutzt.

### Aufgabe 1
Vor dem Schreiben des analogen Textes können mit den Kindern mündlich Beispiele für zusammengesetzte Adjektive und Nomen gesammelt werden. Es bietet sich an, die Aufgabe ggf. in Partnerarbeit schreiben zu lassen.

### ◐ Differenzierung
Als Differenzierung zum Schweren können Kinder sich auch mit der Frage beschäftigen, aus welchen Wortarten diese Adjektive zusammengesetzt sind. (*Was ist der Unterschied zwischen „blitzschnell" und „stinkfaul"? – Das erste Wort stammt von einem Nomen bzw. von einem Verb.*)

### ◐ Differenzierung mit KV 8
In einer Differenzierung zum Leichten lernen die Kinder beim Dominospiel weitere zusammengesetzte Adjektive kennen.

## Seite 13: Jeder ist besonders!

### Fokus
Die Kinder können das im Kapitel Gelernte im Kontext einer Personenbeschreibung anwenden.

### Aufgabe 1
Bei dieser Aufgabe können die Kinder noch einmal erfahren, dass es beim Beschreiben einer Person neben den äußerlichen auch um „soziale" Aspekte geht.
Das heißt, als Autor/Autorin des Eigentextes entscheiden sie bewusst, was ihnen wichtig ist: *Was möchte ich von meiner Freundin erzählen? Was möchte ich von meiner Lieblingssportlerin oder dem -sänger beschreiben?*
Individuell können die Kinder bei der Überarbeitung ihrer Texte auf die richtige Verwendung des Akkusativs bei Adjektiven etc. hingewiesen werden und dies ggf. verbessern. Es ist sinnvoll, in der Hinführung zur Aufgabe natürlich auch zu thematisieren, dass jede/r „besonders" ist, nicht nur die berühmten Sportler/innen und Sänger/innen.

### Aufgaben 2 – 4
Die Kinder stellen ihre Beschreibungen anschließend der gesamten Klasse vor. Gleichzeitig dienen die Texte zur Reflexion des Gelernten.
Die Lehrperson kann auf die Formen des Akkusativs und die Bildung zusammengesetzter Wörter in den Eigentexten hinweisen, sowohl zur Bekräftigung richtiger Formen als auch zur Verbesserung nicht korrekter Formen.
Darüber hinaus können die Beschreibungen mit Bildern versehen und zu einer kleinen Ausstellung zusammengestellt werden. Die Beschreibungen der Freunde und Freundinnen sowie der Lieblingssportler/innen oder -sänger/innen eignen sich natürlich auch dazu, ins Ich-Heft geheftet zu werden.

## 2 Miteinander lernen

### Seite 14: Einstiegsseite/Bildlexikon

**Fokus**

Der Schwerpunkt des Kapitels liegt im sachkundlichen Bereich. Das Bildlexikon und die Redemittel bieten den Kindern Sprachmaterial zur Bildbeschreibung und zum Erzählen von Versuchen, die sie selbst durchgeführt haben.

**Bildlexikon/Erzählbild**

der Blumentopf, die Bohne, die Erde, die Gießkanne, das Internet, der Keim, das Lexikon, die Nummer, die Pflanze, der Versuch, das Wachstum

basteln, besorgen, füllen, gießen, keimen, nachschlagen, nummerieren, pflanzen, wachsen

**Redemittel/Mikrofonwörter**

*Mich interessiert, warum ... | Ich möchte wissen, was ... | Ich möchte wissen, ob ... | Ich vermute, dass ... | Wir haben beobachtet, dass ... | Wir haben herausgefunden, dass ... | Wir haben festgestellt, dass ...*

**Aufgaben 1 + 2**

Beide Aufgaben hängen eng zusammen. Die Kinder beschreiben, was auf dem Bild passiert. Dabei helfen ihnen die Wörter des Bildlexikons.
Anschließend werden Vermutungen zu dem, was Deniz und die anderen vorhaben, geäußert. Hierbei kommen schon einige Redemittel zur Anwendung, beispielsweise: *Ich vermute, dass die Kinder ...* oder *Mich interessiert, warum die Kinder ...*

**Aufgabe 3**

In den ersten Grundschuljahren, häufig sogar schon im Kindergarten, werden verschiedene Versuche durchgeführt. Die Kinder werden aufgefordert, einen Versuch zu beschreiben. Vor der Beantwortung der Frage lesen die Kinder die Redemittel laut vor und überlegen dann, welche sie für ihre Beschreibung verwenden können.

**Weitere Anregung**

Die im Heft im Präsens aufgeführten Redemittel werden im Präteritum und mit anderen Personen gebraucht: *Uns interessierte, warum ... Wir wollten wissen, ob ...* Einige Beispiele werden an der Tafel festgehalten, damit die Kinder bei ihren Schilderungen auch darauf zurückgreifen können.

### Seite 15: Wir führen einen Versuch durch

**Fokus**

Der Schwerpunkt liegt auf Fragestellung und Anleitung zu einem Versuch. Der Text dient als Anregung, Vermutungen darüber anzustellen, was Pflanzen zum Leben brauchen. Anhand der Versuchsanleitung wird das Leseverstehen der Kinder überprüft.

**Aufgabe 1**

Der einführende Text wird zunächst von jedem Kind in seinem Tempo leise gelesen. Anschließend werden gemeinsam Fragen zum Text geklärt. Bei solch einer Vorgehensweise wird die Fragehaltung der Kinder gestärkt.
Dann liest ein Kind den Text bis zum ersten Absatz laut vor. *Was vermutet ihr?* Die Kinder der Lerngruppe äußern nun ihrerseits ihre Vermutungen darüber, was Pflanzen zum Leben benötigen.
Danach wird weitergelesen. Wieder bekommt jedes Kind die Möglichkeit, den Text für sich allein zu erfassen und Fragen zu stellen, bevor er laut vorgelesen wird.
Die Versuchsanleitung wird gemeinsam besprochen. Die Tabelle wird aufmerksam gelesen. Durch das Ergänzen der richtigen Topfnummern im letzten Satz, zeigen die Kinder, dass sie den Versuch verstanden haben.

**Aufgabe 2**

Die Kinder lesen die Versuchsanleitung noch einmal für sich allein aufmerksam durch und schreiben auf, was man für den Versuch alles braucht. Hierbei wird das Leseverstehen überprüft.

**Weitere Anregungen**

- Was Meral von ihrer Oma berichtet, regt auch dazu an, Vergleiche zu Pflanzen aus den eigenen Herkunftsländern zu ziehen, und darüber zu sprechen, unter welch extremen Bedingungen manche Pflanzen wachsen.
- Sollten die Kinder der Lerngruppe den Versuch noch nicht kennen, führen sie ihn gern selbst durch. Dafür legt die Lehrkraft drei bis vier Bohnen in jeden Topf und achtet darauf, dass die Erde ganz trocken ist. Ggf. muss sie ausgebreitet und einige Zeit getrocknet werden. (In gekaufter Blumenerde ist noch so viel Restfeuchtigkeit, dass die Bohnen auch in den Töpfen keimen würden, die nicht gegossen werden.)

### Seite 16: Unser Versuchsaufbau + KV 9

**Fokus**

Der Fokus liegt auf Perfekt und Präteritum. Passende Satzanfänge werden am Beispiel der Beschreibung eines Versuchsaufbaus wiederholt.

### Aufgabe 1
Zu vorgegebenen Bildern und gemäß einem Beispiel, schreiben die Kinder mit Sätzen im Perfekt wie Deniz seinen Versuchsaufbau schildert.

### Aufgabe 2
Das Einkreisen der Verben veranschaulicht den Kindern die Bildung des Perfekts und verdeutlicht die Satzstruktur.

### Aufgabe 3
In dieser Aufgabe werden die Sätze aus Aufgabe 1 ins Präteritum umgeformt. Aus den Wörtern auf den Kärtchen sollen die Kinder passende Satzanfänge herausfinden.

### Weitere Anregung
Auch in diesen Sätzen werden die Verben eingekreist. Ein Gespräch über die Bildung und Verwendung der beiden Zeitformen schließt sich an. *In welcher Zeitform hat Deniz erzählt? In welcher Zeitform habt ihr geschrieben?*

### 📄 Kopiervorlage 9 zu Aufgabe 3
Satzanschlüsse werden zu einem anderen Thema geübt.

### Weitere Anregung zu Kopiervorlage 9
Die Kinder schreiben einen Text, in dem sie von ihrem Morgen berichten. Hieran erkennt die Lehrkraft, wie sicher die Kinder mit Satzanschlüssen umgehen, und schließt ggf. weitere Übungen an.

### Aufgabe 4
Im Gespräch über den Versuch, insbesondere über das, was in den nächsten Tagen getan werden muss, werden die Kinder aufgefordert, Informationen aus der Tabelle zu entnehmen und sie mit eigenen Worten auszudrücken. Hierbei wird die Anwendung der Modalverben *dürfen* und *müssen* wiederholt.

## Seite 17: Der Versuch ist abgeschlossen

### Fokus
Der Schwerpunkt liegt auf der Beschreibung der Versuchsergebnisse unter Verwendung von Satzanschlüssen mit *wenn*.

### Aufgabe 1
Die Illustrationen zeigen die vier Töpfe am Ende des Versuchs. Zunächst beschreiben die Kinder im Gruppengespräch, was sie in den Töpfen erkennen.

### Aufgabe 2
Die Sätze werden gemäß dem, was an den entsprechenden Illustrationen zu erkennen ist, vervollständigt. Dabei werden Satzanschlüsse mit *wenn* geschrieben.

### Aufgabe 3
Ein Versuch ist eine Möglichkeit zu überprüfen, ob eine Vermutung richtig ist. Die Kinder wiederholen, was sie auf Seite 15 gelesen, besprochen und vermutet hatten. Sie vergleichen ihre Vermutungen mit den Versuchsergebnissen. Darüber hinaus regen die kleinen Illustrationen unten auf der Seite dazu an, sich über andere Pflanzen Gedanken zu machen. Weiteres, in der Lerngruppe vorhandenes Wissen über Pflanzen wird gesammelt, auf Notizzetteln oder an der Tafel stichpunktartig festgehalten. *Wie kann man sein Wissen noch erweitern?* Diese Frage leitet zu den beiden folgenden Seiten über, auf denen ein Lexikontext und das Recherchieren in verschiedenen Medien behandelt wird.

### Weitere Anregung
Eltern und Großeltern können zu Hause befragt werden: *Wie war es früher? Wie ist/war es in eurem Land?* Später wird den anderen Kindern in der Klasse davon berichtet.

### ☺ Aufgabe für das Ich-Heft
*Welche Pflanze findest du ganz besonders? Male die Pflanze und schreibe auf, was dich an ihr fasziniert.*

## Seite 18: Nachgeschlagen + KV 10–12

### Fokus
Anhand eines Lexikontextes wird das Wissen über Pflanzen erweitert. Satzanschlüsse mit *weil* werden geübt.

### Aufgabe 1
Zuerst liest jedes Kind den Text für sich allein. Dann werden Fragen geklärt.

### Aufgabe 2
Zum Ergänzen der Sätze mit *weil* suchen die Kinder die entsprechenden Informationen im Text; das Leseverstehen wird hierbei überprüft.

### Aufgabe 3
Die Kinder suchen zu jedem Verb ein verwandtes Wort im Text: *keimen – der Keim, wachsen – das Wachstum, ernähren – die Ernährung, pflanzen – die Pflanzen.*

### Aufgabe 4
Die Kinder suchen nach weiteren verwandten Wörtern. Dabei können sie sich austauschen und das Wörterbuch zur Hilfe nehmen: *Keime, Keimling; er wächst, wuchs, gewachsen; Nahrung, Nährstoffe; pflanzte, verpflanzen, umpflanzen …*

### Weitere Anregungen
– Weitere Wortfamilien werden zusammengestellt. Dabei kann man im Bereich Pflanzen bleiben; *Baum, Wurzel* und *Gras* bieten sich hier an. Oder die Kinder suchen

verwandte Wörter zu anderen Begriffen aus dem Text, z. B. zu *Luft, Wasser ...*
- In diesem Zusammenhang bietet es sich auch an, zusammengesetzte Nomen zu wiederholen: *Erdbeben, Luftballon, Sauerstoffflasche ...*

### ◐ Differenzierung

Je nach Sprachstand kann es zur Texterschließung ratsam sein, den Text für die Kinder zu kopieren, damit sie mit dem Text arbeiten können. Beispielsweise werden sie aufgefordert, Wörter zu markieren, die sie anderen erklären können. Wörter, die die Kinder nicht verstehen, werden unterstrichen und später wird gemeinsam überlegt, wie man zu einer Klärung kommt: Man kann andere Kinder, die Lehrperson bzw. andere Erwachsene fragen oder im Wörterbuch sowie in Sachbüchern nachschlagen und im Internet nach dem Begriff suchen.

Regen Sie die Kinder auch dazu an, zu überlegen, in welchem Zusammenhang das Wort steht, das sie nicht kennen, und ob man durch die bekannten Wörter im Satz den Sinn erschließen kann.

### 📄 Kopiervorlage 10 nach Aufgabe 2
An weiteren Beispielen werden *Weil*-Sätze geübt.

### 📄 Kopiervorlage 11 nach Aufgabe 4
Die Kinder lernen die Endung *-ieren* von Verben kennen. Nachdem sie in Aufgabe 1 und 2 die Verben mit den dazugehörigen Nomen verbunden haben, sollen sie beschreiben, worin sich die Verben in den beiden Kästen unterscheiden und dabei die unterschiedlichen Endungen *-en* und *-ieren* finden. In Aufgabe 3 wird der Genuspunkt eingefärbt und der Artikel im Dativ sowie das Verb am Satzende ergänzt.

### ● Weitere Anregungen zu Kopiervorlage 11
- Die Kinder finden weitere Beispiele nach dem vorgegebenen Muster: *Mit der Gabel kann ich gabeln.*
  Oder geben Sie ein anderes Muster vor:
  *Der Turner turnt.*
  Die Kinder finden weitere Beispiele zu dem neuen Muster: *Der Läufer läuft. Der Koch kocht. Der Lehrer ...*
- „Quatschbildungen" bereiten den Kindern Spaß und zeigen, dass das Prinzip der Wortbildungen verstanden wurde: *Mit dem Schwamm kann ich schwammen oder schwämmen.*

### 📄 Kopiervorlage 12 nach Aufgabe 4
Die Kinder lesen die Texte und suchen sich einen aus, den sie den anderen vorlesen möchten. Als Hilfestellung können zunächst die Wortgrenzen durch senkrechte Striche oder die Verben durch Umkreisen markiert werden. Den Kindern wird deutlich, dass man Nomen und Verben durch den Sinnzusammenhang erkennen kann. Dann wird der Text richtig aufgeschrieben.

Der letzte Satz in der Wörterschlange sollte schließlich von allen Kindern bearbeitet werden. Die Kinder sollen beschreiben, was hier mit den Wörtern "vor sich *Tiger"* und „*vorsichtiger"* passiert.

### Seite 19: Wusstest du schon ...?

**Fokus**

Im Mittelpunkt steht das selbstständige Recherchieren über Pflanzen. Sowohl beim Recherchieren als auch beim Vorstellen der Ergebnisse wenden Kinder die hier vorgegebenen Redemittel und die von Seite 14 an: *Wir möchten/Ich möchte wissen, ob ... Uns/Mich interessiert, warum ... Wir haben herausgefunden, dass ...*

**Aufgabe 1**
Zunächst einigen sich die Kinder einer Gruppe, über welche Pflanze sie mehr erfahren möchten.

**Aufgabe 2**
Die Redemittel helfen den Kindern, das, was sie herausfinden möchten, adäquat auszudrücken.

**Aufgabe 3**
Bevor die Kinder in Lexika und/oder im Internet nach Informationen zu ihrer Pflanze suchen, tragen sie verschiedene Suchbegriffe in die Liste ein.

**Aufgabe 4**
Die neu gewonnenen Informationen werden aufgeschrieben.

**Aufgabe 5**
Schließlich werden die Ergebnisse im Plenum vorgestellt.

**Weitere Anregungen**
- Die Ergebnisse der einzelnen Gruppen werden in Form eines Lernplakates im Klassenraum aufgehängt.
- Der Besuch einer Bücherei kann sich anschließen. Verschiedene Bücher über Pflanzen werden miteinander verglichen.
- Stellen Sie eine gewisse Zeit Sachbücher über Pflanzen im Klassenraum aus, die von den Kindern auch nach Hause ausgeliehen werden können.
- Auf einem Spaziergang in der näheren Umgebung werden Pflanzen betrachtet. Decken sich die Beobachtungen der Kinder mit dem, was in den Büchern steht?
- *Was kann ich tun, um die Natur zu schützen? Wo kann ich etwas darüber erfahren?*

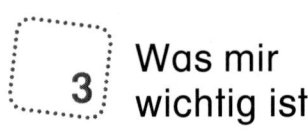 

# Was mir wichtig ist

## Seite 20: Einstiegsseite/Bildlexikon + KV 13

### Fokus
Das Bildlexikon und die Redemittel geben den Kindern Sprachmaterial an die Hand, die ihnen die Bildbeschreibung erleichtert. Bei einem Gespräch über eigene Besuche in einer Stadt- oder Schulbücherei können Vorlieben und Erfahrungen gesammelt werden.

### Bildlexikon/Erzählbild
die Bilderbücher, die Bücherei, die Detektivgeschichten, die Forschung, die Freundschaft, die Gruselgeschichten, die Hörspiele, die Krimis, der Leseanfänger, die Lesung, die Märchen, die Sachbücher, der Schlafsack, die Tiergeschichten

kuscheln, schlafen, schmökern, zuhören

bunt, einfarbig, hoch, niedrig

### Redemittel/Mikrofonwörter
*Ich interessiere mich für ... | Das Buch handelt von ... | Mir gefallen Gruselgeschichten, weil ... | Ich lese Bücher, weil ... | Am Anfang ... | Schließlich ... | Am Ende ...*

### Aufgabe 1
Die Schüler und Schülerinnen beschreiben zunächst, was die abgebildeten Kinder auf dem Bild machen. Sie benennen die unterschiedlichen Tätigkeiten.

### Aufgabe 2
Beim Bezeichnen der unterschiedlichen Büchersorten ist zweierlei Sprachwissen der Kinder gefragt. Vorerst kann auf das Wortmaterial aus dem Bildlexikon zurückgegriffen werden, anschließend sollte dies durch eigene Begriffe ergänzt werden. Für das Finden von Büchersorten müssen die Kinder zusammengesetzte Nomen bilden und gleichzeitig Bücher nach Kategorien sortieren, um Oberbegriffe zu finden.

### Weitere Anregungen
- Hier kann die eventuell vorhandene eigene Schulbücherei besucht und die Kategorien können wahrgenommen werden.
- Gründe für ein Sortieren nach Büchersorten in einer Bücherei können von den SchülerInnen gesucht werden.

### Aufgabe 3
Die Kinder können mit den abgedruckten Satzteilen von Interessen und Buchinhalten erzählen (*Ich interessiere mich für Pferdegeschichten. Mein Lieblingsbuch handelt von einem frechen Pony.*) oder argumentieren, warum ihnen etwas gefällt oder missfällt (*Es gefällt mir, weil das Pony am Ende einen Unfall verhindert.*). Die Satzteile können je nach Sprachsicherheit der Kinder als Satzanfang verwendet oder nach Belieben verändert und erweitert werden.

### Kopiervorlage 13
Bei dem Einsatz von Bücherkisten in der Lerngruppe kann die KV mehrfach eingesetzt werden, da die Kinder ihre Meinung ständig aktualisieren werden. Sie denken im Nachhinein noch einmal über das Gelesene nach, wägen ab und treffen Entscheidungen. Die KV kann auch als Ergänzung zu Aufgabe 3 herangezogen werden.

## Seite 21: Unsere Lesenacht

### Fokus
Die Kinder sollen den Text lesen und verstehen.
Ein Teil des Lesetextes besteht aus einem Brief der Lehrerin an die Eltern der Buchkinder. Hier geht es besonders darum, den Ablauf der geplanten Handlung nachzuvollziehen. Anschließend sollen in der Gruppe oder allein die Fragen zum Text beantwortet werden.

### Aufgabe 1
Die Kinder lesen den Text leise für sich allein. Dann liest ihn ein Kind laut vor und die zum Text gehörige Aufgabe wird bearbeitet. Die Fragen dienen der Absicherung des Textverstehens und fordern die Kinder auf, genau zu lesen. Anschließend sollen die SchülerInnen darüber nachdenken, an welche Medien sie sich in ihrer Stadtbücherei erinnern können. Das sind in der Regel Bücher, Zeitschriften, Zeitungen, Musik-CDs, Film-DVDs, Software, Spiele, Hörbücher.

### Aufgabe 2
Die Kinder lesen den Text noch einmal und suchen dabei nach der geforderten Lösung. Der Antwortsatz kann mit verändertem Pronomen (*sie* statt *wir*) übernommen werden.

### Aufgabe 3
Diese Aufgabe ermuntert die Kinder Vermutungen anzustellen. Sie eröffnet vielfältige Möglichkeiten des sozialen Lernens. Beispiele:
*Weil Niko vielleicht Angst hat?*
*Weil er Yasin unterstützen will?*
*Weil er nicht neben Murat liegen will?*
*Weil sie die Nacht über wach bleiben wollen?*
*Weil sie die anderen ärgern oder erschrecken wollen?*
Die Fragen sind im Unterricht zu formulieren und gemeinsam zu diskutieren. Die Konstruktion eines *Weil*-Satzes wird dabei wiederholt.

## Weitere Anregungen
- Eine Übernachtung in der Klasse oder in der Bücherei planen und durchführen. Dazu einen Brief an die Eltern oder an die Klasse verfassen. Wichtige Informationen in sinnvoller Reihenfolge in einem Brieftext formulieren.
- Die Aufgabe 3 kann als Rollenspiel dienen; Kinder lernen über ihre Ängste zu sprechen und erfahren, dass vermeintlich Stärkere auch die gleichen Ängste haben.
- *Weil*-Sätze können auch mit anderen Inhalten gebildet werden. Spielerisch kann das geübt werden, wenn ein Kind den Satz beginnt und ein anderes die Begründung liefern muss. Hierbei soll auch gelacht werden, sodass unsinnige und lustige Beiträge gewünscht sind. Beispiel: Ein Kind beginnt: *Ich gehe gern ins Kino, weil ...,* ein anderes beendet den Satz *... ich dort so gut schlafen kann.*

### ☺ Aufgabe für das Ich-Heft
*Welche Büchersorten liest du am liebsten und warum?* Mithilfe der Redemittel von Seite 20 und nach der Wiederholung der *weil*-Sätze in Aufgabe 3 können die Kinder sicherlich eine Erklärung formulieren und diese notieren.

## Seite 22: Niko schmökert in einem Buch mit Kurzgeschichten + KV 14–15

### Fokus
Schwerpunkt sind Texte mit Adjektiven im Akkusativ. Hier sollen sie erkannt und passend gebeugt eingesetzt werden. Je nach Interesse der Kinder sollten die Kurzgeschichten vorerst ausreichend lange inhaltlich besprochen werden, bevor die Sprachbetrachtungsaufgaben erarbeitet werden.

### Kopiervorlage 14
Die KV 14 dient der Wiederholung der Wortarten und der Vorbereitung der Adjektivdeklination.

### Aufgabe 1
Nach dem gemeinsamen Lesen und Besprechen der kurzen Geschichte sollen die Kinder weitere acht Wortgruppen finden, zu denen jeweils ein Adjektiv gehört und sie wie im Beispiel unterstreichen (*ihre lange Kette, der schöne Schmuck, deine neue Kette, in dem großen Kleiderschrank, die kleine Schwester, eine gute Idee, viele bunte Perlen, eine wunderschöne Kette*).
Für das Finden der Wortgruppen ist es notwendig, dass die Kinder sich daran erinnern, woran sie die Adjektive erkennen. Eine kurze Wiederholung (siehe Kapitel 1 in Heft C) kann hilfreich sein.
Möglich ist, an dieser Stelle die Kinder darauf aufmerksam zu machen, dass das Adjektiv hier immer vor einem Nomen steht, welches es näher beschreibt. Die Frage nach den jeweiligen Nomen leitet über zu Aufgabe 2. *Wie ist das Gesicht? – traurig*

### Aufgabe 2
Die unterstrichenen Wortgruppen enthalten immer ein gebeugtes Adjektiv in der Mitte. Dieses soll in der Grundform notiert werden (*lang, schön, neu, groß, klein, gut, bunt, wunderschön*).

### Weitere Anregung
Die Kinder können eigene Wortgruppen finden, bei denen ein Adjektiv in der Mitte steht.

### Aufgabe 3
Im zweiten Text fehlen acht gebeugte Adjektive, die von den Kindern inhaltlich und sprachlich passend in den Text eingesetzt werden sollen.

### Kopiervorlage 15
Die KV führt auf die Adjektivdeklination hin. Sie beschränkt sich auf den Nominativ, zeigt aber gleich auch die unterschiedlichen Adjektivendungen bei bestimmten und unbestimmten Artikeln. Die Kinder werden bei der Bearbeitung der Seite 22 ihr Augenmerk auf die Adjektive im Text legen und so den verwendeten Akkusativ besser entdecken können.

### Weitere Anregung
Die Geschichte kann in der 1. Person Singular aus der Sicht der SchülerInnen erzählt werden. Dabei übernehmen sie die Sicht von Lea, Sara oder Emma und wiederholen beim Sprechen die Wortgruppen mit den Adjektiven im Satz.

## Seite 23: Was findet Lina + KV 16–17

### Fokus
Hier sind die bestimmten und unbestimmten Artikel, sowie die Adjektive im Akkusativ der Schwerpunkt. Die Veränderungen werden bewusst gemacht und anschließend selbstständig gebeugte Adjektive in einem Text verwendet.

### Aufgabe 1
Das Schema über Aufgabe 1 bezieht sich auf die Sätze der vorhergehenden Geschichte von Seite 22.
Die SchülerInnen betrachten vier Sätze, in denen der Akkusativ durch die Verben *sehen* und *finden* erforderlich ist. Dies sollten die Kinder selbstständig herausfinden und im Arbeitsheft notieren.
Durch das Markieren der Adjektivendungen stellen die Kinder fest, dass die Endungen bei Verwendung des bestimmten Artikels im Maskulinum und Femininum die gleiche wie bei der Verwendung des unbestimmten Artikels ist.
Im Neutrum und im Plural allerdings sind die Adjektivendungen bei Verwendung des unbestimmten Artikels anders als bei Verwendung des bestimmten Artikels.

## Was mir wichtig ist

### Aufgabe 2
Im Anschluss an das ausführliche Besprechen und Klären des Schemas sollen die SchülerInnen eigene Sätze mit Adjektiven bilden, in denen der Akkusativ verlangt wird. Eine Wiederholung der Verben, die den Akkusativ benötigen, kann hier vorweggenommen werden.
Die Kinder sollten dazu angehalten werden, immer wieder zu prüfen, ob die Adjektivendung in ihren Sätzen richtig ist. Hilfreich ist dafür, wenn die Genuspunkte von den Kindern mit notiert werden, sodass sie schnell mit dem Schema im Arbeitsheft vergleichen können, ob sie die richtige Endung gewählt haben.

### Aufgabe 3
In der Geschichte von Costas wird 14mal das Adjektiv *groß* verwendet. Beim mehrfachen leisen und lauten Lesen sollen die Kinder dies erkennen und als verbesserungswürdig bezeichnen.

### Aufgabe 4
Das Adjektiv *groß* soll 14mal im Text gefunden und markiert werden.

### Aufgabe 5
Im Sinne einer Textüberarbeitung sollen die SchülerInnen die Geschichte verbessern, indem sie für das sich wiederholende Adjektiv *groß* geeignetere Adjektive finden.
Es passen inhaltlich jeweils mehrere Adjektive, sodass jedes Kind am Ende eine ganz eigene Geschichte vor sich liegen haben wird. Jedes Kind sollte im Sinne der Würdigung die Möglichkeit haben, seine eigene Geschichte der Klasse vorzulesen.
In der Aufgabenstellung wird darauf noch einmal auf die besondere Bedeutung des Artikels für die Adjektivendung hingewiesen.

### ◐ Differenzierung
Das Finden geeigneter Adjektive könnte für manche Kinder schwierig sein. Daher ist es ratsam, zuerst gemeinsam Adjektive zu suchen und die Kinder danach aufzufordern, ihre eigene Geschichte zu verfassen.

### 📄 Kopiervorlage 16
Das Bild fordert die Kinder auf, ihre Fantasie einzusetzen. Das Wortmaterial soll eine Hilfe darstellen. Die Kinder können sich jedoch auch davon lösen und eine völlig andere Geschichte erfinden. Die Umformung des gesprochenen Textes im Perfekt in einen Text im Präsens sollte von allen Kindern bearbeitet werden können.

### 📄 Kopiervorlage 17
In Anlehnung an die KV 15 üben die Kinder jetzt die Adjektivdeklination im Akkusativ. Hier werden die Sätze, die in der KV 15 noch im Nominativ standen in den Akkusativ gesetzt, das Wortmaterial bleibt gleich.

## Seite 24: Die Nomen-Wortmaschine

### Fokus
Die Entstehung eines Nomens aus einem Verb durch die Endung *-ung* wird durch die Wortmaschine veranschaulicht und geübt. Nomen mit der Endung *-ung* sind immer feminin.

### Aufgabe 1
Die Kinder erkennen, dass durch Hinzufügung der Endung *-ung* aus einem Verb ein Nomen entsteht. Dieses Nomen ist immer feminin.

> **TIPP** Alle Nomen mit der Endung *-ung* sind *die*-Wörter.
> **Verb + -ung = Nomen**
> Beispiel: drohen + ung = die Drohung

### Aufgabe 2
Die SchülerInnen sollen erkennen, dass die Maschine an die eingelegten Verben die Endung *-ung* anfügt und daraus Nomen im Femininum entstehen.
Mündlich kann zuerst gemeinsam herausgefunden werden, welche Nomen hier produziert werden sollen. Anschließend tragen die SchülerInnen die fehlenden Verben und die Nomen mit Artikel in die Tabelle ein.

### Weitere Anregungen
- *Welche Verben können noch in die Wortmaschine gelegt werden und welche Nomen ergeben sich dann?*
- *Was wäre, wenn die Wortmaschine rückwärts laufen würde?* Die Kinder probieren das aus und erklären, dass die Maschine die Endung *–ung* abschneiden müsste, um aus Nomen Verben zu produzieren.

In der Aufgabenstellung wird daraufhin noch einmal auf die besondere Bedeutung des Artikels für die Adjektivendung hingewiesen.

## Seite 25: Das kann ich schon

### Fokus
Das Finden und Schreiben einer eigenen Geschichte steht auf dieser Seite im Mittelpunkt. Die vier kurzen Geschichten auf Seite 22 und 23 geben den Kindern ein Beispiel, wie eine solche Geschichte aussehen kann.

### Aufgabe 1
Die Kinder basteln sich ein leeres Heftchen, in das anschließend ihre Geschichte gemalt und geschrieben werden kann. Da der Ablauf des Faltens und Schneidens genau eingehalten werden muss, ist es ratsam, wenn dieser Vorgang vorher ausprobiert und mit den Kindern im Unterricht gemeinsam durchgeführt wird.

Genaues Lesen ist die Voraussetzung für das Einhalten der Arbeitsabläufe. Nach jedem Satz sollte sich die Illustration angeschaut und gemeinsam gefaltet werden. Erst wenn alle soweit sind, sollte der nächste Satz gelesen werden.

## Aufgabe 2
Eine eigene Geschichte soll in das gebastelte Buch geschrieben werden. Vermutlich sind dazu einige Vorüberlegungen ratsam. Welche Textsorte soll es sein? Die Illustration auf der Seite im Arbeitsheft gibt dafür Beispiele (*Detektivgeschichten, Tiergeschichten, Fußballgeschichten, Liebesgeschichten, Märchen, Sachbuch*).
Weiterhin sollen die Kinder daran denken, das Deckblatt zu gestalten. Es enthält mindestens den Namen des Autors und den Titel der Geschichte, vielleicht aber auch ein passendes Bild?
Geschichten werden in der Regel im Präteritum geschrieben. Eine Ausnahme bildet das Sachbuch.
Weitere Tipps, wie Beispiele für einen einleitenden Satz und Beispiele für den Schlusssatz, finden die SchülerInnen auf den kleinen Hilfskärtchen. Auch die Erinnerung daran, dass die Verwendung von vielen Adjektiven und Verben die Geschichte interessanter machen.

## Weitere Anregungen
- Auch Bilder dürfen auf den Seiten zum Text gemalt werden.
- Reicht der Platz für die Geschichte nicht aus, kann ein weiteres Buch nach der Anleitung in Aufgabe 1 gebastelt und mit Nadel und Faden an das erste Heft angenäht werden. Dabei brauchen die SchülerInnen sicherlich die Hilfe der Lehrkraft.
- Natürlich sollten die Geschichten im Anschluss vorgelesen werden.
- Die fertigen Bücher können in einer eigenen Bücherkiste in der Klasse gesammelt und unter den Kindern der Klasse ausgeliehen werden.
- Die SchülerInnen können im Laufe des Schuljahres selbstständig weitere Bücher erstellen und mit eigenen Texten versehen.

# 4 Die Welt um uns herum

## Seite 26: Einstiegsseite/Bildlexikon

### Fokus
Das Geschehen auf dem Großmarkt ist Auslöser für Gespräche und eventuelle Erfahrungen. Dabei werden viele Fachwörter und trennbare Verben benutzt. Inhaltlich ist das Kapitel eher sachunterrichtlich geprägt, es soll anregen, auch über andere interessante Orte zu sprechen.

### Bildlexikon/Erzählbild
der Gabelstapler, die Kantine, die Karre, der Lieferwagen, die Palette, die Schürze

abwiegen, anbieten, auswählen

### Redemittel/Mikrofonwörter
*Entschuldigung, wo ist ...? | Bei dem Gemüsestand ... | Links am ... | Rechts von dem Gabelstapler ... | Rechts neben ... | Wo gibt es ... | Ich suche ... | Sie befinden sich am Kiosk ... | In der ... | Hinter dem Blumenstand ... | Vor dem ... | Wohin fährt der Gabelstapler? | Er fährt auf den Parkplatz. | Er fährt in den ...*

### Aufgabe 1
Das Bild vom Großmarkt bietet den Kindern die Möglichkeit, den neuen Wortschatz zu entdecken und viele bekannte Dinge zu benennen. Die SchülerInnen beschreiben zunächst, welche Produkte der Großmarkt anbietet. Hier hilft in erster Linie das Bild, aber auch eigene Erfahrungen oder Kenntnisse können mit einfließen.

### Aufgabe 2
Während auf dem Wochenmarkt hauptsächlich der Endverbraucher einkauft, wird der Großmarkt von gewerblichen Wiederverkäufern besucht. Die Kinder kennen aus ihrem Alltag in der Regel also den Wochenmarkt, während Restaurantbesitzer, Blumenhändler oder Lebensmittelhändler eher den Großmarkt nutzen werden. Kleine Mengen für den Eigenbedarf wird man auf dem Großmarkt nicht bekommen, die Preise sind hier allerdings beim Kaufen großer Mengen geringer.

### Weitere Anregungen
- Ein Besuch auf dem Wochenmarkt des Stadtteils wäre sicherlich lohnenswert. Das Wiedererkennen der angebotenen Produkte motiviert die Kinder und die Gemeinsamkeiten zum Großmarkt können gesammelt werden.
- Die Kinder sollen sich reihum Fragen zum Bild stellen. Die angebotenen Redemittel können ihnen dabei helfen. *Wo ist der Blumenkohl? Wo gibt es die Tomaten?*

antwortende Kind findet wiederum auch Hilfe in den Redemitteln. *Links neben der Kasse. Sie befinden sich neben den Zitronen.*
- Ähnliche Fragen können auch zu Dingen im Klassenraum gestellt werden. *Entschuldigung, wo ist der Mülleimer? Wohin geht Lea? ...*

### Seite 27: Im Großmarkt

#### Fokus
Der Lesetext ist eine Erzählung aus der Sicht von Deniz. Dieser berichtet von einem Erlebnis, bei dem sein Vater ihn mit zum Großmarkt genommen hat.
Die Kinder erhalten dadurch Informationen zum Großmarkt, die sie durch genaues Lesen und Verstehen in den Fragen wiedergeben sollen.

#### Aufgabe 1
Interessante Gesprächsanlässe für die Kinder bietet die Frage aus dem Text von Deniz, wo denn nun das gekaufte Obst und Gemüse sei. Dafür müssen die Kinder versuchen, den Ablauf des Einkaufens auf dem Großmarkt nachzuvollziehen. Erst wird der Einkauf zwischen Verkäufer und Käufer mündlich getätigt, dann gibt der Verkäufer die Mengen der Ware an die Gabelstaplerfahrer weiter und diese laden die Ware auf die Wagen der Käufer. Nur kleinere, tragbare Mengen werden beim Einkauf gleich mitgenommen.

#### Aufgabe 2
Die Kinder lesen den Text noch einmal und markieren die Stelle, die ihnen die Antwort gibt. Zum Notieren der Antwort müssen sie die Pronomen verändern, da der Text in der ersten Person Singular geschrieben ist.

#### ☺ Aufgabe für das Ich-Heft
*Stell dir vor, du möchtest deinen Lieblingssalat zubereiten. Weißt du, was du alles dafür einkaufen musst? Schreibe die Zutaten auf und erkläre, wie sie zubereitet werden müssen.*

### Seite 28: Wer ist das?

#### Fokus
Die Aufgaben auf dieser Seite beschäftigen sich mit Relativsätzen. Das Relativpronomen hängt von seinem Bezugswort (meist ein Nomen oder Pronomen im Hauptsatz) ab und nimmt im Relativsatz die erste Stelle ein. Relativsätze werden durch ein Komma getrennt.
Der Kasus des Relativpronomens ergibt sich aus der Satzfunktion des im Relativsatz ersetzten Bezugswortes.

#### Aufgabe 1
In den drei Fragen wird eine Person durch den Gebrauch eines Relativsatzes näher bestimmt. Der Relativsatz ist nach dem Komma jeweils an den Hauptsatz angeschlossen. Ein Beispiel zeigt den Kindern, welche Wortgruppe sie markieren sollen. Die Kinder sollten erkennen, dass das Wort nach dem Komma von dem Artikel aus dem Hauptsatz abhängt. Dies kennzeichnen sie durch den Pfeil.

> **TIPP** Der Teil des Satzes, der das Nomen vor dem Komma genauer beschreibt, kann auch mitten im Satz stehen.

#### Aufgabe 2
Wie im Tipp vorgestellt, soll der Relativsatz so umgestellt werden, dass er in der Mitte steht und den Hauptsatz teilt. Der Relativsatz wird durch zwei Kommata vom Hauptsatz abgegrenzt.
Die Wortgruppe sollte von den Kindern gefunden und kann zur Differenzierung auch eingekreist werden.

#### Aufgabe 3
Die Schwierigkeit bei dieser Aufgabe liegt darin, dass die Kinder das Relativpronomen selbst finden müssen.
In den vorherigen Aufgaben wurde die Wortgruppe um das Komma bereits kenntlich gemacht. Zusätzlich muss jetzt das Relativpronomen davon abgeleitet und eingesetzt werden. Zur Differenzierung kann die vorangehende Wortgruppe mit dem Bezugswort eingekreist werden.

#### Aufgabe 4
Die Fragen *Wie heißt der Junge, der...?* oder *Wie heißt das Mädchen, das ...?* benötigen nach dem Komma einen Relativsatz. Das Relativpronomen ist bei den beiden Beispielsätzen schon vorgegeben, kann sich aber bei leicht veränderten Fragen auch ändern. *Wie heißt die Lehrerin, die ...?* Bei den Antworten auf die Fragen sollte darauf geachtet werden, dass auch hier der Relativsatz mit dem richtigen Relativpronomen gebildet wird.

#### Weitere Anregungen
- Ähnliche Fragen wie in den Aufgaben 1 und 3 können die Kinder selbst stellen. Dabei sollten die beiden Frageformen zu Beginn noch als Beispiel an der Tafel stehen, damit die Satzstellung korrekt übernommen werden kann. Die Fragen sollten aus dem Lebensbereich der Schulkinder kommen. Sie sollten auch nicht mehr schriftlich, sondern mündlich erfolgen, damit der Relativsatz als Ausdrucksmöglichkeit in den Sprachschatz der Kinder übergeht.
- Zu den Relativsätzen bietet sich auch ein Pantomime-Spiel an. Ein Kind versucht, einen Gegenstand ohne Worte darzustellen. Die übrigen Kinder versuchen zu erraten,

was das Kind darstellen möchte. (*Ich bin der Tisch, der vor dem Stuhl steht.*)

### Seite 29: Immer diese Sucherei + KV 18

**Fokus**
Diese Seite sowie die Kopiervorlage 18 beschäftigen sich mit den Pronomen im Akkusativ in den drei Personen im Singular und in der dritten Person Plural.
Weiterhin wird die Verneinung mit „nicht" wiederholt.

**Aufgabe 1**
Die Kinder sollen die jeweiligen Pronomen und sinnvolle Satzenden in die Lücken setzen.
Die Beispielsätze und das Schema über Aufgabe 1 helfen dabei. Die Nomen mit den jeweiligen Pronomen sind unterstrichen, sodass die Kinder eine Zuordnung herstellen können.
Gemeinsam sollte dabei zuerst besprochen werden, welcher Kasus zu verwenden ist. Das Verb *suchen* weist die Kinder auf die Verwendung des Akkusativs hin.
Danach ist zu beachten, welcher Artikel zu dem einzusetzenden Nomen gehört.

**Kopiervorlage 18**
Zur Differenzierung dient diese Kopiervorlage. Sie übt das Einsetzen der Pronomen *dein, mein* und *unser*.

**Aufgabe 2**
Die relativ freie Aufgabe von einem Erlebnis zu erzählen, bietet den Kindern sowohl die Möglichkeit, sich eng an den vorherigen Sätzen zu orientieren als auch völlig frei zu formulieren.

### Seite 30: Deniz sucht seinen Vater + KV 19–20

**Fokus**
Eine wichtige sprachliche Mitteilungsfunktion ist die Wegbeschreibung. Dabei sind sowohl Orientierungssinn als auch bestimmte sprachliche Vokabeln notwendig, die die Kinder als Redemittel erhalten haben.

**Aufgabe 1**
Für alle Aufgaben ist der Raumplan maßgeblich. Aus diesem Grunde sollte er unabhängig von den Fragen zunächst sorgfältig betrachtet, beschrieben und besprochen werden. Einige Kinder werden bestimmte Stände benennen, andere werden automatisch mit dem Finger Wege entlangfahren. Für eine gute Raumorientierung sollte den Kindern Zeit gegeben werden, sich mit dem Plan auseinanderzusetzen und sich hineinzufinden.

Anschließend können Fragen zu dem Plan von den Kindern gestellt und beantwortet werden. Dabei sollen die abgebildeten Redemittel Verwendung finden.

**Aufgabe 2**
Zwei Spielfiguren helfen, die Positionen von Deniz und seinem Vater deutlich zu machen. Von Marias Standpunkt aus sollen die SchülerInnen Deniz erklären, wie er zu seinem Vater kommt. Eine Person kann Deniz spielen und in einem Dialog Rückfragen zu der Erklärung von Maria geben.
Die beiden Spielfiguren können jetzt nach Wunsch der Kinder auf den Plan gestellt werden. Dabei bilden sie in Partnerarbeit Dialoge. Ein Kind übernimmt die Fragen von Deniz und das andere Kind gibt die Erklärungen von Maria.

**Weitere Anregungen**
- Es wird immer mehrere Möglichkeiten für einen Weg geben. Es kann diskutiert werden, ob es einen einfachen Weg gibt oder einen schnelleren Weg oder einen schöneren.
- Ein Orientierungslauf in der Sporthalle über verschiedene Geräte kann das Raumempfinden der Kinder auch stärken. Dabei sollten zu Beginn durchaus auch konkrete lokale Angaben für das Umlaufen oder Überwinden von Geräten gegeben werden. („*Du kletterst über die Bank, du läufst links von der Matte vorbei ...*")

**Differenzierung**
- Sollten nicht allen Kindern die Ortsangaben *an, neben, gegenüber, rechts, links ...* klar sein, könnten diese Angaben anhand einer Puppe und eines Tisches noch einmal verdeutlicht werden.
Die Lehrperson nennt eine Ortsangabe (z. B. *neben dem Tisch*) und ein Kind setzt oder hält die Puppe an den genannten Ort im Klassenraum.
- Der Plan kann von den Kindern zeichnerisch um Stände oder Räume erweitert werden. Damit werden die Erklärungen umfangreicher und ausführlicher.

**Kopiervorlage 19**
Diese KV übt die Verwendung von Verben auf *-ieren*. Im Präsens werden die Verben regelmäßig konjugiert (*kontrollieren – ich kontrolliere*). Das Perfekt wird auch mit *haben* gebildet, das konjugierte Verb hat allerdings kein *-ge* als Vorsilbe (*diskutieren – ich habe diskutiert*).

**Kopiervorlage 20**
Die Verbscheibe bietet die Möglichkeit mit vier ausgesuchten Verben und Vorsilben Wörter zu bilden. Dabei ist die Wahl auf eine Kombination von Verb und Vorsilbe beschränkt, die nur sinnvolle Zusammensetzungen ermöglichen. Die Kinder sollen mit so vielen zusammengesetzten Verben wie möglich Sätze bilden.

## Seite 31: Das kann ich schon

**Fokus**
Der Schwerpunkt dieser Seite ist das Erstellen eines eigenen Stadtteilplans. Dabei muss den Kindern bewusst werden, wie es in der Gegend aussieht und wo die Orte lokalisiert sind.

**Aufgabe 1**
Die Kinder schauen sich den Stadtplan an und berichten, was sie darauf erkennen. Die abstrakte Darstellung von Häusern, Straßen und Landschaften stellt für die Kinder eine Schwierigkeit dar, die es durch ein ausführliches Gespräch zu überwinden gilt.

**Aufgabe 2**
Die SchülerInnen sollen ausgehend von ihrer Schule einen kleinen eigenen Stadtplan malen. Dies ist aus der Erinnerung nicht einfach und kann leichter sein, wenn die Kinder die Gelegenheit bekommen, aus Bausteinen, Tüchern oder anderen Materialien die Gegend zu bauen, um sie dann auf ein Papier abzumalen und zu ergänzen.
Wichtig ist bei dem Plan, dass die Kinder in der Perspektive der Draufsicht bleiben, das heißt, nur die Umrisse von oben zeichnen, als säßen sie in einem Flugzeug.

**Aufgabe 3**
Zum Üben und Festigen der Redemittel stellen die Kinder sich jetzt gegenseitig Fragen zu Plätzen oder Wegen auf dem selbsterstellten Stadtplan.

**Weitere Anregungen**
- Während ein Kind seinen Weg von der Schule zu einem anderen, nicht genannten Platz beschreibt, können die übrigen Kinder mit der Spielfigur mitfahren und herausfinden, welches Ziel das erzählende Kind hat.
Dabei sollten möglichst viele lokale Angaben verwendet werden.
- Je nachdem, wie genau die SchülerInnen ihre Umwelt betrachten, werden sie auch einzelne Gebäude auf ihren täglichen Wegen in Erinnerung behalten. Auch Straßennamen helfen den Kindern bei der Orientierung und bei konkreten Wegbeschreibungen mit anderen. Diese können gesammelt werden.

# 5 Miteinander leben

## Seite 32: Einstiegsseite/Bildlexikon

**Fokus**
Das Bildlexikon und die Redemittel bieten den Kindern Wortmaterial, um das Bild zu beschreiben und Vermutungen über das Geschehen zu äußern.

**Bildlexikon/Erzählbild**
der Badeanzug, die Badehose, die Bettruhe, die CD, das Etagenbett, das Lesezeichen, die Nachtwanderung, der Rucksack, die Taschenlampe, der Tischdienst, der Tischtennisschläger

**Redemittel/Mikrofonwörter**
*Nach dem Frühstück ... | Vor dem Abendbrot ... | Zwischen Mittagessen und Abendbrot ... | Als die Sonne schien ... | Am ersten Tag ... | Im Laufe des Tages ... | Als es dunkel wurde ... | In der Nacht ...*

**Aufgabe 1**
Die Kinder beschreiben zunächst frei, was sie auf dem Bild entdecken. *Wer macht was?*

**Aufgabe 2**
Beim Erzählen eigener Erfahrungen zum Thema Ausflüge kommen die Redemittel zur Anwendung: *Am ersten Tag haben wir ... Nach dem Frühstück sind wir ...*

**Aufgabe 3**
Beim Erzählen, was die Kinder für ihren Klassenausflug alles eingepackt haben, wird der Akkusativ angewendet. Regen sie die Kinder dazu an, beim Erzählen Adjektive zu verwenden.

**Weitere Anregung**
Um den Kindern Sicherheit zu geben, wird vor dem Gruppengespräch zu Aufgabe 3 die Adjektivdeklination wiederholt und gemeinsam mit den Kindern ein Schaubild erstellt, an dem sie sich immer wieder orientieren können:

<u>Akkusativ</u> *Was packst du ein?*
○ den dicken Pulli        einen dicken Pulli
○ die lange Hose        eine lange Hose
○ das neue Kartenspiel    ein neues Kartenspiel

<u>Dativ</u> *Womit seid ihr gefahren?*
○ dem / einem        großen Reisebus
○ der / einer        alten Dampflok
○ dem / einem        modernen Segelschiff

Miteinander leben · 31

Die unterschiedlichen Endungen der Artikel und der Adjektive werden in der Weise markiert, wie die Kinder es aus dem Regelunterricht kennen.

### Seite 33: Auf Klassenfahrt + KV 21

**Fokus**
Informationen aus einem Text werden in eine Tabelle eingetragen.

**Aufgabe 1**
Die Kinder lesen den Text leise für sich allein. Dann liest ihn ein Kind laut vor. Die Wünsche der Kinder werden mündlich im Plenum gesammelt. Der Übersichtlichkeit halber werden sie im Text markiert oder an der Tafel stichpunktartig festgehalten. Dann trägt jedes Kind die Wünsche individuell in seinen Wochenplan ein.

**Weitere Anregung**
Die Kinder stellen sich gegenseitig weitere Fragen zum Text wie z. B.: *Was möchte Leon? Wovon träumt Sara?*

**Aufgabe 2**
Bevor die Aufgabe schriftlich ausgeführt wird und jedes Kind in den Plan einträgt, was es selbst am liebsten in der frei gebliebenen Zeit tun würde, werden Vorschläge in der Lerngruppe gesammelt.

**Weitere Anregung**
An dieser Stelle bietet es sich noch einmal an, über eigene Erfahrungen auf einem Klassenausflug zu sprechen, nun unter besonderer Berücksichtigung der Aktivitäten.

**Kopiervorlage 21**
Im Schulalltag werden die SchülerInnen immer wieder mit Tabellen konfrontiert; eine einfache Form ist ihr Stundenplan. Auch im Mathematik- und Sachunterricht begegnen sie ihnen. Das Herauslesen von Informationen aus Tabellen ist von großer Bedeutung und fällt nicht allen Kindern leicht, weil mehrere Bedingungen miteinander verknüpft werden müssen. Mit dieser Kopiervorlage üben die Kinder das Herauslesen verschiedener Informationen aus einem Wochenplan anhand von Fragen und Antworten sowohl in mündlicher als auch in schriftlicher Form. Klären Sie mit den Kindern auch die Begriffe *Spalte* und *Reihe*.

☺ **Aufgabe für das Ich-Heft**
*Wie sieht der Wochenplan deiner Träume aus?*
*Lege dir eine entsprechende Tabelle an und trage ein, was du wann am liebsten tun möchtest.*

### Seite 34: Zimmerbesichtigung + KV 22–23

**Fokus**
Den Schwerpunkt der Seite bildet das Erkennen von Wortgruppen (unbestimmter Artikel – Adjektiv – Nomen) die im Akkusativ oder im Dativ stehen. Den Kindern werden die unterschiedlichen Endungen in den beiden Fällen in allen drei Genera veranschaulicht.

**Aufgabe 1**
Der Text wird gemeinsam gelesen und besprochen. Danach wird die Aufgabe Schritt für Schritt gemeinsam ausgeführt. Die angegebenen Fragen helfen dabei, den Akkusativ bzw. den Dativ zu erkennen. Die Wortgruppen (Artikel – Adjektiv – Nomen) werden in verschiedenen Farben unterstrichen, beispielsweise Wortgruppen im Akkusativ grün und Wortgruppen im Dativ lila.

**Aufgabe 2**
Alle Adjektive werden aus dem Text herausgesucht und in ihrer Grundform aufgeschrieben: *hübsch, breit, schmal, schön, rund, eckig, oval, rechteckig, groß, klein, weich* und *hart*. Dadurch wird das Augenmerk der Kinder auf die Veränderungen der Adjektive im Satzgefüge gelenkt.

**Weitere Anregung**
Jeweils ein Adjektiv wird in der Grundform gesprochen, dann im Text gesucht und so wie es im Text erscheint, gesprochen; *hübsch – hübsche, breit – breiten, schmal – schmales* ... Um die Veränderung zu verdeutlichen, wird zu den Silben geklatscht.

**Aufgabe 3**
Die dem Akkusativ oder dem Dativ zugeordneten Wortgruppen aus dem Text werden in die Tabelle eingetragen. Damit sich die Kinder die Artikel und die besonderen Endungen der Adjektive besser einprägen können, werden sie markiert.

**Kopiervorlage 22**
Die Adjektivdeklination im Akkusativ wird schriftlich gefestigt. Die Kinder verknüpfen bei dieser Übung jeweils zwei Wortgruppen (Artikel – Adjektiv – Nomen) durch- und miteinander. In ihren Sätzen können die Kinder sowohl Singular und Plural als auch den bestimmten und den unbestimmten Artikel verwenden.
Spiele zur mündlichen Vertiefung der Adjektivdeklination im Akkusativ findet man in der Mappe: Spielen und Sprechen. Körper, Kleidung, Haus, SCHUBI Verlag 2008, S. 15 ff.

**Kopiervorlage 23**
Hier wird die Adjektivdeklination im Dativ nach den Präpositionen *in* (auf die Frage *Worin?*) und *mit* schriftlich gefestigt. Zunächst ergänzen die Kinder die Sätze im Nominativ, z. B.: *Die Tasche ist voll. Das Kissen ist weich.*

Es werden zwei Wortgruppen (Artikel – Adjektiv – Nomen) miteinander verknüpft. Im ersten Teil des Satzes wird der Dativ markiert. Im zweiten Teil wird er von den Kindern eigenständig gebildet. Es wird zu jedem Genus der bestimmte und der unbestimmte Artikel geübt.

## Seite 35: Alle sind zufrieden

### Fokus
Den Schwerpunkt der Seite bildet das Anwenden von Wortgruppen (bestimmter Artikel – Adjektiv – Nomen) die im Akkusativ oder im Dativ stehen. Die Kinder setzen die unterschiedlichen Artikel sowie die Endungen der Adjektive in den beiden Fällen und den drei Genera im Singular ein.

### Aufgabe 1
In einen Text mit Wortgruppen im Akkusativ und im Dativ werden der bestimmte Artikel und die Endungen der Adjektive eingesetzt. Auch wenn die Kinder sich am Text auf Seite 36 orientieren können, sollte die Aufgabe mit der Lerngruppe besprochen und zusammen schrittweise gelöst werden.

### Aufgabe 2
Die Wortgruppen aus dem Text im Akkusativ bzw. im Dativ werden in die Tabelle eingetragen. Artikel und Endungen werden auch hier zur besseren Einprägung markiert.

> **TIPP** Im Plural gibt es für alle *der-*, *die-*, und *das-*Wörter nur eine Form: Im Akkusativ heißt der bestimmte Artikel immer *die* oder *viele*; im Dativ heißt er immer *den* oder *vielen*.

### Weitere Anregung
Im gemeinsamen Gespräch erzählen die Kinder, wie sie sich ihr Idealzimmer auf einer Klassenfahrt vorstellen. *Wie soll euer Zimmer aussehen? Was soll in dem Zimmer vorhanden sein? Wozu braucht ihr es?* In dieser mündlichen Übung wird die Adjektivdeklination weiter vertieft.

### ◐ Differenzierung
Mit der Frage *Was fällt dir bei dem Wort Zimmer auf?* wird das Augenmerk der Kinder auf die Endung *-n* im Dativ Plural gelenkt. Weitere Beispiele werden gesammelt: *mit runden Tischen, mit bunten Decken, mit breiten Fenstern*. Die Kinder erkennen, dass immer ein *-n* ans Nomen angehängt wird und formulieren selbst die Regel, etwa: *Im Dativ bekommt das Nomen im Plural ein **-n** am Ende.*

### Weitere Anregungen
- Zur mündlichen Festigung eignet sich das Spiel „Ich packe meinen Koffer": Reihum erzählt jedes Kind, was es einpackt, und verwendet dabei zu jedem Gegenstand ein Adjektiv, z.B.: *meine rote Jacke, ein spannendes Buch, viele gute CDs, den neuen Fußball ...*
Sind die Kinder sicher im Gebrauch des Akkusativs, können sie das Spiel auch in der üblichen Form spielen. Der Erste sagt, was er einpackt, der Nächste nennt den Namen des Ersten und wiederholt, was derjenige einpackt: *Deniz packt seinen neuen Fußball ein und ich packe ein spannendes Buch ein.* Weiter geht es: *Deniz packt seinen neuen Fußball ein, Meral packt ein spannendes Buch ein und ich packe ...* In diesem Fall müssen sich die Kinder zusätzlich merken, wer was eingepackt hat; es kommt also eine Schwierigkeit hinzu. Das erfordert eine höhere Konzentration, macht das Spiel aber auch spannend. Sollten die Kinder dabei sowohl die richtigen Artikel als auch die richtigen Endungen der Adjektive anwenden, sind beide in den aktiven Wortschatz übergegangen.
- Das Spiel „Die Reise nach Alaska" wird sprachlich umgewandelt, sodass die Adjektivdeklination im Dativ mündlich gefestigt wird: *Ich reise nach Alaska **mit** einem schnellen Schlitten.* Vor dem Spiel wird festgelegt, aus welchem Bereich die Wörter stammen. Es können Beförderungsmittel sein, Tiere, Gegenstände, Personen ...

## Seite 36: Alle waschen sich + KV 24

### Fokus
Pronomen und Reflexivpronomen werden einander zugeordnet und die Bedeutung der Reflexivpronomen wird besprochen.

### Aufgabe 1
Über die Illustration werden die Kinder an die reflexiven Verben herangeführt. Der zu den Illustrationen passende Text in den Sprechblasen macht die Bedeutung der Reflexivpronomen deutlich. Zunächst sollen die Kinder die im Kasten vorgegebenen Reflexivpronomen in den Texten heraussuchen und unterstreichen.

### Aufgabe 2
Die Kinder suchen sich aus den Illustrationen zu *sich langweilen*, *sich freuen* und *sich beeilen* ein Beispiel heraus, ordnen den jeweiligen Personalpronomen das entsprechende Reflexivpronomen zu und bilden mit Personalpronomen, Verb und Reflexivpronomen kurze Sätze.

### Aufgabe 3
Beim Nachspielen der Wörter auf den Kärtchen wird den Kindern deutlich, dass sich der Sinn eines Verbs verändert, wenn ein Reflexivpronomen hinzukommt. Es wird ihnen klar, dass sie beispielsweise beim Verb *waschen* etwas oder jemanden waschen können, bei *sich waschen* aber nur sich selber.

### Weitere Anregung

Wie ist es, wenn man zu einem Personalpronomen das Reflexivpronomen einer anderen Person hinzunimmt? Mit einer Decke kann man dieses zum Verb *zudecken* durchspielen: *Ich decke dich zu. Du deckst mich zu. Ich decke euch zu ...* Handelnd wird so die Bedeutung der Reflexivpronomen vertieft.

### Kopiervorlage 24

Die KV dient der schriftlichen Festigung der Reflexivpronomen. Sie kann aber auch als Gesprächsanlass über Ängste genutzt werden.
In Aufgabe 1 kann auch farblich zugeordnet werden.

## Seite 37: Das kann ich schon

### Fokus

Es wird von einem wahren oder ausgedachten Erlebnis berichtet.

### Redemittel/Mikrofonwörter

*Als wir im Wald waren ... | Beim Fußballspiel ... | Während der Lesenacht ... | Nachdem wir alle im Bett lagen ...*

### Aufgaben 1 + 2

Die Kinder wählen aus, ob sie eine Postkarte oder eine E-Mail schreiben möchten. Selbstverständlich können sie auch beides tun.
Auf Merals Postkarte oder in die E-Mail von Deniz können die Kinder etwas selbst Erlebtes schreiben oder sich ein Erlebnis ausdenken, von dem sie berichten.
Die Kinder lesen vorher noch einmal die Redemittel auf der Seite und auch die auf Seite 32. Weitere derartige Redemittel werden gesammelt und an der Tafel festgehalten: *Gleich am ersten Tag ... Als wir alle im Bus saßen ... Nachdem wir zusammen ... Während der Nacht ...*
Die Kinder greifen darauf zurück, damit ihnen sowohl ein guter Anfang für ihre Geschichte als auch passende Satzanschlüsse gelingen.

### Weitere Anregungen

- Die Kinder schreiben sich gegenseitig Karten oder Briefe über einen Klassenbriefkasten.
- Karten, Briefe oder E-Mails werden an kranke Kinder oder an Kinder geschickt, die umgezogen sind.
- Über das Internet wird Kontakt zu Kindern anderer Klassen aufgenommen.

# 6 Sich wohlfühlen

## S. 38: Einstiegsseite/Bildlexikon

### Fokus

Das Einfühlen in eine komplizierte Situation wird mit dem Stellen von Fragen und dem Geben von guten Ratschlägen verbunden. Dabei soll das Rollenspiel dem ausdrucksvollen Sprechen dienen und zugleich die Voraussetzungen für den nachfolgenden Gedankenaustausch über das richtige Reagieren bei einem Unfall schaffen.

### Bildlexikon/Erzählbild

Hindernislauf: Start und Ziel, auf den Baumstumpf springen, durch das Gebüsch kriechen, über das Drahtseil springen, die Lehreraufsicht, die Pausenordnung, der Schreck, die Sorge

besorgt, erschrocken, sich verletzen – verletzt

### Redemittel/Mikrofonwörter

*Sollen wir ...? | Du kannst ruhig ... | Du darfst nicht ..., weil ... | Wir sollten unbedingt ... | Dürfen wir ...? | Ich vermute, dass ... | Ihr müsst, damit ...*

### Aufgaben 1 + 2

Zunächst ist die knappe Leseaufgabe zu lösen, denn sie bildet die Grundlage für das Erfassen der Situation. Dem schließt sich ein erster Gedankenaustausch an, wobei das Sammeln der Vorschläge auf die Vorbereitung des sich anschließenden Rollenspiels gerichtet ist.

### Aufgaben 3 + 4

Jetzt gelten die gemeinsamen Überlegungen der Rolle der Pausenaufsicht. Sie führen zum notwendigen Telefonat zwischen der Lehrerin und Alexanders Mutter oder Vater, das ebenfalls im Rollenspiel erprobt werden kann.

### Weitere Anregung

Unter dem Aspekt: *Könnte das auch bei uns passieren?* den Bezug zur eigenen Schule und zur Pausen- bzw. Hausordnung herstellen und dabei über ähnliche Erfahrungen berichten.

## Seite 39: Im Krankenhaus + KV 25

### Fokus

Schwerpunkt dieser Seite ist das Stellen der so genannten Verb-Fragen, die statt des Fragewortes ein Verb am Satzanfang haben. Es gilt, diese richtig zu formulieren und ausdrucksvoll vorzutragen.

# Sich wohlfühlen

## Aufgabe 1
Statt der Zweiergespräche, wie sie der Text vorgibt, können auch Dreiergruppen gebildet werden. Dann übernimmt ein Kind die Rolle des Souffleurs bzw. der Souffleuse.

## Aufgabe 2
Die Aufgabe dient dem Bewusstmachen der speziellen Satzstruktur von Verbfragen. Dem Erkennen und Markieren des Verbs am Satzanfang kommt deshalb eine besondere Bedeutung zu.

## Aufgabe 3
Entweder die Kinder beraten gemeinsam, welche Sorgen Alexander jetzt plagen mögen, oder sie werden aufgefordert sich vorzustellen, sie selbst kämen in solch eine Lage. Das Rollenspiel bietet reichlich Gelegenheit, beim Stellen von Verbfragen kreativ zu sein.

## Weitere Anregung
Das Thema Krankenhaus und der Aufenthalt dort kann zu vielfältigen Gesprächen genutzt werden, um einerseits Kindern Gelegenheit zum Berichten eigener Erfahrungen zu geben und um ihnen andererseits die Angst vor solch einem ggf. notwendig werdenden Aufenthalt zu nehmen.

## ◐ Differenzierung
Kinder mit deutscher Muttersprache oder mit hohem Zweitsprachniveau werden aufgefordert, geeignete Fragen zur Aufgabe 3 aufzuschreiben. Diese sollen dann einzelnen Gruppen oder den Kindern mit Unterstützungsbedarf zur Verfügung gestellt werden.

## 📄 Kopiervorlage 25
Diese KV eignet sich zur Einzel- oder Partnerarbeit. Zuerst müssen die passenden Satzteile zugeordnet und danach soll miteinander „telefoniert" werden. So kann zugleich die Besonderheit eines Telefon-Dialogs verdeutlicht werden: gute Aussprache und richtige, vollständige Sätze.

### Seite 40: Radfahren – mein Lieblingssport

## Fokus
Das Bilden zusammengesetzter Sätze erfordert eine spezifische Platzierung des Verbs im Haupt- und im Nebensatz. Demonstriert wird das an Sätzen mit den Bindewörtern *damit, weil* und *wenn*.

## Aufgabe 1
Das Markieren der Verben führt den Kindern vor Augen, dass der eine Satzteil mit dem Verb aufhört und der nachfolgende mit einem Verb beginnt. Für diesen bietet es sich an, die Kinder daran zu erinnern, dass auch die Fragesätze mit einem Verb beginnen, dann aber anders klingen müssen.

## ◐ Differenzierung
Ausdrucksstarke bzw. intonationssichere Kinder auffordern, diese Satzteile (den Hauptsatz jeweils) allein zu lesen und dann als Frage zu gestalten. Dieses „Spielen mit der Sprache" kann allen Kindern die Bedeutung der Stellung des Verbs am Satzanfang verdeutlichen. Sie erleben zugleich die Bedeutung der Frageintonation.

## Aufgabe 2
Dem Beispiel entsprechend sollen aus den kurzen Sätzen jetzt drei zusammengesetzte Sätze gebildet und jeweils darunter geschrieben werden. Es ist günstig, die gefundene Lösung laut vorzulesen, damit es alle richtig eintragen können.

## Aufgabe 3
Das nachfolgende Markieren der Verben wird unbedingt verbunden mit einer Betrachtung zu deren Platz vor und nach dem Komma. So erschließt sich den Kindern das angefügte Schema, das Orientierung und vertieftes Einprägen ermöglichen soll.

## Weitere Anregungen
– Ballspiel für das mündliche Ergänzen von Sätzen nach Vorgaben wie: *Wenn ich müde (traurig, durstig, hungrig) bin, …?* Wer den Ball mit der Satzvorgabe erhält, beendet ihn und darf nun einen neuen *Wenn*-Satz beginnen. Dabei entspricht eine Fortsetzung mit *dann* der Umgangssprache, was zu akzeptieren ist.
– Aus der Situation heraus können auch beliebig viele Satzanfänge mit *weil* und zuletzt auch mit *damit* zum Vervollständigen angeboten werden, damit sich diese Struktur fest verankert.

### Seite 41: Jeden Tag so viel Mühe! + KV 26

## Fokus
Nach der Sensibilisierung für die Satzstruktur vorangestellter Nebensätze werden jetzt die gleichen Bindewörter für nachfolgende Nebensätze verwendet. Ähnliche Aufgaben führen zum Verständnis des analogen Schemas.

## Aufgabe 1
Beim Ergänzen der Sätze mit den passenden *damit*-Satzteilen können die Kinder schon die Endstellung des Verbs beobachten und diese deutlich markieren.

## Aufgabe 2
Dem Beispiel entsprechend sollen wiederum aus kurzen Sätzen drei lange Sätze gebildet und darunter geschrieben werden. Günstig ist es, die gefundene Lösung laut vorzulesen. Die Verbmarkierung soll auch in den kurzen Sätzen erfolgen, damit die Platzveränderung deutlich und somit das zweite Schema verständlich wird.

Sich wohlfühlen

## Aufgabe 3
Dabei geht es um die Wahl des richtigen Bindewortes, wobei sich *weil* und *wenn* oft nicht eindeutig voneinander unterscheiden lassen.

## Weitere Anregung
Das Ballspiel zum Fortsetzen begonnener Aussagen, das dem intensiven Üben zusammengesetzter Sätze dient, beginnt jetzt jeweils mit einer Aussage über eine(n) Dritte(n), z. B.: *Der Bäcker (Maler, Maurer ...) ist sehr wütend (stolz, traurig ...), weil ...* Wer den Ball bekommt, beendet den Satz und beginnt einen neuen.

## Kopiervorlage 26
Da die KV ebenso wie Aufgabe 2 dieser Seite zu bearbeiten ist, müsste sie problemlos gelingen. Sie kann deshalb zur Lernerfolgs- oder Selbstkontrolle eingesetzt werden.

### Seite 42: Aus klein wird groß + KV 27

## Fokus
Die schon bekannte Wortmaschine soll Einsicht in die Entstehung von Nomen aus Adjektiven durch Anfügen der Endung *-heit* bewirken.

## Aufgabe 1
Die Aufgabe sicherheitshalber vor dem schriftlichen Bearbeiten laut vorlesen und ergänzen lassen. Dabei an die neue Wortart durch die angefügte Endung sowie an deren Großschreibung erinnern.

## Aufgaben 2 + 3
Diese Aufgaben können allein gelöst werden und eignen sich deshalb zur Lernerfolgskontrolle.

> **TIPP** Alle Wörter mit der Endung *-heit* sind die-Wörter.
> **Adjektiv + -heit = Nomen**
> Beispiel: *krank + -heit = die Krankheit*

## Differenzierung
Folgende zwei Texte können einigen Kindern mit der Bitte gegeben werden, sie zu vergleichen und darüber zu berichten. Ihre Beobachtungen sollen zur Einführung der Endung *-keit* genutzt werden:

*Das Mädchen ist traurig, denn sie hat einen kleinen Vogel gefunden. Seine Geschwister haben ihn grausam aus dem Nest geschubst, weil sie ihn so hässlich fanden. Behutsam hebt das Mädchen ihn auf und streichelt ihn sanft.*

*Das Mädchen ist voller Traurigkeit, denn sie hat einen kleinen Vogel gefunden. Seine Geschwister haben ihn wegen seiner Hässlichkeit aus dem Nest geschubst. Welch eine Grausamkeit! Mit großer Behutsamkeit hebt das Mädchen ihn auf und streichelt ihn sanft.*

## Weitere Anregung
Kinder nach *-heit* und *-keit* Nomen suchen lassen. Wer findet die meisten? Auf einem großen Alphabet-Plakat, das viel Platz zwischen den Buchstaben bietet, können diese Wörter eingetragen und über mehrere Wochen hin ergänzt werden.
Wer wieder ein neues Wort entdeckt hat, prüft zunächst, ob es schon da ist. Das dient dem Orientieren im Alphabet sowie einem sicheren Umgang mit ihm.

## Kopiervorlage 27
Die Bearbeitung der beiden Wörterberge verlangt das Zuordnen von Adjektiven und Nomen zusammen mit dem Eintragen des gesuchten Rätselbuchstabens. Da diese Aufgabe relativ anspruchsvoll und recht umfangreich ist, sollte sie als Partner- oder Gruppenaufgabe gelöst werden. Lösungssatz: MATSCHWETTER IST WUNDERBAR.

## ☺ Aufgabe für das Ich-Heft
*Suche unter den Wörtern mit -heit und -keit acht aus, die für dich wichtig sind. Entweder sie benennen Dinge, die du magst, die du dir selbst wünschst oder auch bei anderen Menschen bewunderst. Oder es sind Dinge, die du später auf alle Fälle vermeiden willst. Schreibe dazu unter der Überschrift „Das ist wichtig für mich" acht Sätze.*

### Seite 43: Das kann ich schon

## Fokus
In einem kurzen Vortrag soll jeder vor der Gruppe über ein Thema gesunder Lebensführung sprechen. Zur Vorbereitung werden gemeinsam die wichtigsten Aspekte auf einem Lernplakat dargestellt.

## Aufgabe 1
Jede Gruppe soll nach ihrer Entscheidung für eines der vier Themen genau festlegen, wer welche Aufgabe übernimmt. Sie sind als Empfehlungen auf dieser Seite detailliert ausgeführt und müssen für das anspruchsvolle Projekt zuerst gründlich gelesen werden.

## Aufgabe 2
Die vorgegebenen Redemittel sollten gemeinsam an Beispielsätzen erprobt werden. Das kann im Gespräch oder auch reihum geschehen, wobei zugleich Wissen aus anderen Unterrichtsbezügen wiederholt werden kann.

## Weitere Anregungen

- Die Lehrperson entscheidet mit den Kindern, in welcher Form die Vorträge gehalten werden (einzeln oder zu zweit). Wichtig ist im Vorfeld die Auseinandersetzung mit der Thematik. Die Kinder sollen für ein gesundes Leben im Alltag Sachwissen erlangen und nachhaltig sensibilisiert werden.
- Als Hinführung zum zusammenhängenden Sprechen vor der Klasse hat sich das „Datums-Ritual" bewährt: Jeder Tag wird mit dem Ansagen des aktuellen Wochentages und des genauen Datums eröffnet. Dieses Ritual wird so lange beibehalten, bis das alle Kinder problemlos bewältigen. Danach kann die Ansage um knappe Sätze erweitert werden. Sie geben z. B. einen kurzen Überblick über den nachfolgenden Unterricht oder Besonderheiten des Tages (Wetter, Pläne am Nachmittag ...).

#  Sich orientieren

## Seite 44: Einstiegsseite/Bildlexikon + KV 28

### Fokus
Die Darstellungen verschiedener Berufe eignen sich zum Gespräch über die zahlreichen Möglichkeiten bei der Berufswahl und zur Orientierung auf dafür notwendige Ausbildungswege. Schwerpunkt ist zunächst die große Vielfalt auf dem Berufssektor und das Hinführen zur Einsicht, wie notwendig es ist, sich zu informieren.

### Bildlexikon/Erzählbilder
die Altenpflegerin, die Arzthelferin, die Ärztin, der Autoschlosser, der Bürokaufmann, der Dachdecker, der Feuerwehrmann, die Friseurin, die Köchin, der Maler, die Raumpflegerin, der Zahnarzt

anstreichen, frisieren, heilen, löschen, pflegen, reparieren

### Redemittel/Mikrofonwörter
... kümmert sich um ... | ... passt auf, dass ... | ... sorgt dafür, dass ... | ... hat die Aufgabe ... |
Wen/Was untersucht ...? | Wem/Wobei hilft ...?

### Aufgaben 1 + 2
Im Gesprächskreis wird mit Hilfe der Darstellungen zusammengetragen, welche Berufe die Kinder schon kennen und was sie darüber wissen. Währenddessen sollten sie immer wieder zum Benutzen der Redemittel ermuntert werden. Es erscheint sinnvoll, hierfür auch die bereits im Vorfeld bearbeitete KV (30) heranzuziehen.

### Aufgabe 3
Diese umfangreiche Aufgabe sollte in zwei Schritten gelöst werden: Zuerst alle auf dieser Seite genannten Berufe in die jeweilige Spalte eintragen, dann nach dem Lesen der nächsten Seite 45 das jeweilige Pendant suchen und die Tabelle vervollständigen.

### ◐ Differenzierung
Einige Kinder können beauftragt werden, alle Merkmale zu sammeln, mit deren Hilfe sie feststellen können, ob der Beruf von einem Mann oder einer Frau ausgeführt wird. Sie schreiben ihre Ergebnisse auf ein großes Blatt und stellen sie der Gruppe vor.

### Kopiervorlage 28
Durch ihre Eindeutigkeit (Groß- und Kleinbuchstaben für das Lösungswort *Viel Arbeit*) eignet sich die KV zur Einzelarbeit. Sie bietet darüber hinaus leistungsstarken Kindern die Chance, eigene Relativsätze zu bauen und der Gruppe

vorzutragen. Teil 2 der KV kann auch für Partnerarbeit genutzt werden.

### Seite 45: Viele Berufe für Männer und Frauen + KV 29

**Fokus**
Es soll bewusst gemacht werden, wodurch sich die alltäglich gebrauchten männlichen und weiblichen Berufsbezeichnungen voneinander unterscheiden. Diese Merkmale bzw. Endungen sollen identifiziert und selbstständig angewendet werden.

**Aufgabe 1**
Nach dem Bearbeiten der Aufgabe sollte die Endung *-innen* bei weiblichen Berufsbezeichnungen wegen der ihr eigenen Rechtschreibhürde thematisiert werden. Für die männliche Pluralform scheint das nicht notwendig zu sein.

**Aufgabe 2**
Diese Aufgabe ermöglicht es, das Stellen von Fragen (Kap. 6) wieder zu üben. Hierfür ist an das Eingangsgespräch anzuknüpfen und der Blick auf wichtige Seiten beruflicher Arbeit zu lenken.

**Weitere Anregungen**
- Die Kinder ermuntern, die jeweilig andere Berufsbezeichnung zu den Abbildungen auf S. 44 abzuleiten
- Gemeinsam eine große Tabelle im Querformat mit vier Feldern für alle weiblichen und männlichen Singular- und Pluralformen einer Berufsbezeichnung anlegen und diese schrittweise (evtl. auch als Anerkennung/ Belohnung) ausfüllen lassen.

☺ **Aufgabe für das Ich-Heft**
*Erfrage in deiner Familie, welchen Beruf sich deine Eltern, Großeltern, Geschwister oder andere Verwandte früher einmal gewünscht haben. Schreibe unter der Überschrift „Wunschberufe in meiner Familie" auf, was sie dir sagen.*

📄 **Kopiervorlage 29**
Das Berufsmemo wird vor der Bearbeitung vergrößert, d. h. vor dem Beschriften durch die Kinder. Später werden die am besten gelungenen Vorlagen für die Verwendung in Freiarbeitsphasen laminiert. Zuerst nur Memo 1 beschriften.

### Seite 46: Die richtige Kleidung ist wichtig + KV 30

**Fokus**
Das Interesse für äußere Merkmale eines Berufes und die intensive Beschäftigung damit liegt nahe, besonders für Mädchen. Das wird zur Bildung und bewussten Übung von präpositionalen Dativ-Wortgruppen mit einem Adjektiv genutzt.

**Aufgabe 1**
Die übersichtliche Darstellung der Dativ-Markierungen am Artikel und am Adjektiv müsste jedem Kind eine erfolgreiche Einzelarbeit ermöglichen.

**Aufgabe 2**
Es empfiehlt sich, die Kinder aufzufordern, auch die Nomen in den Vergleich einzubeziehen. Den Wegfall des unbestimmten Artikels entdecken lassen oder ausdrücklich benennen.

**Aufgabe 3**
Diese Aufgabe verlangt das Umformen der Nominativwortgruppe in den Dativ, wozu die Kinder auf die bearbeitete Übung oben schauen sollten. Im Vorfeld wäre es wichtig festzustellen (markieren mit Artikelpunkt), ob es ein *die-*, *der-* oder *das*-Wort ist. Oder wurde die Wortgruppe im Plural aufgeführt? (zwei Beispiele)

◐ **Differenzierung**
Alle Kinder sind aufgefordert, zu „ihrem" Beruf auch ein typisches Kleidungsstück oder Werkzeug/Arbeitsmittel als Dativ-Wortgruppe zu suchen und dann das Ganze (Beruf mit ...) vorzutragen. Gelungene Beispiele werden schriftlich fixiert und damit öffentlich gewürdigt.

📄 **Kopiervorlage 30**
Zuerst werden von Memo 2 nur die Nominativ-Wortgruppen vorgelesen und probeweise mit dem Satz „Der/Die/ Das ... gehört zu dem/zu der ..." dem Memo 1 zugeordnet: Nun folgt die Frage „Wer ist das?" worauf der Beruf mit der Dativ-Wortgruppe folgen muss. Erst wenn das relativ sicher mündlich bewältigt wurde, soll die KV beschriftet und schließlich zerschnitten werden.

### Seite 47: Onkel Richard schreibt über seine Arbeit

**Fokus**
Mit teilweise neuem Wortmaterial und dem der Seite 46 wird jetzt die Veränderung im Dativ verdeutlicht, indem zunächst die Rückführung auf den Nominativ und danach die selbstständige Umformung in den Dativ verlangt wird. Genaues Hinschauen und Hinhören ist erforderlich, um alle Unterschiede zu beachten.

**Aufgabe 1**
Zugunsten gesellschaftlicher Integration ist ein positives Verhältnis der Kinder zur Polizei und eine dementsprechende Berufsorientierung sehr erstrebenswert. Doch da von sehr differenzierten Erfahrungen der Kinder mit der Polizei aus-

zugehen ist, erhält diese Aufgabe besondere Bedeutung. Vielleicht gelingt es, durch Einfühlung und Anteilnahme, auf der Basis gegenseitigen Vertrauens, dass die Kinder auch ihre Sorgen und Ängste zur Sprache bringen.

### Aufgabe 2
Die Vorgaben ermöglichen erfolgreiche Einzelarbeit (vorsichtshalber aber erst, nachdem unsichere Kinder die Nominativform der Lehrperson leise ins Ohr gesagt haben und bestätigt bekamen).

> **TIPP** Die Adjektive, die zwischen Dativ-Artikel und Nomen stehen, bekommen immer die Endung -en.

### Aufgabe 3
Hierbei soll immer wieder an die Tippvogel-Regel erinnert werden. Die Lösung erfolgt zunächst mit sorgfältigem Sprechen, erst danach schriftlich. Den gesamten Text möglichst noch einmal laut lesen und dabei ausnahmsweise zum Einprägen die Endungen der eingetragenen Wörter besonders hervorheben lassen.

### ◐ Differenzierung
Angesichts der Komplexität der Anforderungen in Aufgabe 3 sollten unsichere Kinder die Möglichkeit bekommen, der gefundenen Lösung auch die Nominativ-Form gegenüber zu stellen. Das kann an der Tafel, in Einzelarbeit oder auch mit Partner geschehen. So wird für alle das Phänomen der Dativ-Umformung noch einmal zusätzlich sichtbar.

### Weitere Anregung
Die Übungskonstellation von Aufgabe 2 eignet sich auch zum Frage-Antwortspiel: Analog nennt eine(r) laut fragend die Dativ-Wortgruppe und soll dabei überdeutlich die Endungen betonen, worauf die Gruppe oder ein von ihr/ihm bestimmtes Kind mit der Nominativ-Wortgruppe antwortet.

### Seite 48: Die Kinder sprechen über ihre Familien + KV 31

### Fokus
Im Blickpunkt steht die Verwendung der Possessivpronomen. Auch deren Kasus-Veränderungen werden thematisiert, wobei zunächst die Nominativ-Endung -e bei weiblichen Nomen und im Plural gesichert werden soll.

### Aufgabe 1
Vor dem Bearbeiten der Aufgabe werden die Kinder dazu aufgefordert die Regel herauszufinden, nach der *mein-meine/dein-deine/sein-seine* jeweils verändert werden. Das sollte abschließend an die Tafel geschrieben werden. Es bietet sich an, darauf hinzuweisen, dass die gleiche Regel für unbestimmte Artikel (*ein-eine*, auch *kein-keine*) gilt.

> **TIPP** Vor Nomen stehen oft Wörter, die sagen, wem etwas gehört.

### Aufgabe 2
Zuerst sollte mit dem Markieren der Endung -e die vorher erkannte Regel überprüft werden. Beim Ausfüllen der Akkusativ- und Dativ-Spalte können die Kinder Gelerntes anwenden, wobei die Lösung lieber vorher mündlich erarbeitet und dann gemeinsam eingetragen werden sollte.

### Weitere Anregungen
– Analog zum Übungsmuster der Aufgabe 2 Satzreihen bilden, die zu Fragen passen wie *Wen besucht ...? Wen trifft ....? Wen fragt ...?* oder *Wem antwortet ...? Wem schenkt ... (einen Blumenstrauß/ ein Paket u. ä.)?*
Die Kinder sollen dann zu Übungszwecken reihum zu jedem Verwandten einen Satz bilden. Da es bei solch einer Übung vor allem um die richtige Wortform geht, ist es gerechtfertigt, wenn die Akkusativ- oder Dativ-Endung extra, z. B. durch Klatschen o. ä. hervorgehoben wird.
– Ist die Übung etabliert, können Kärtchen gezogen werden, auf denen nur die zehn Varianten der Possessivpronomen genannt sind, sodass dann freiere Antworten auf die o. g. Sätze möglich sind.
– Quatschsätze zusammenstellen zur Frage „Wer schenkt wem was?". Neben den Stapel mit Possessivpronomen und den Wortkarten zu den verschiedenen Verwandten-Nomen wird auch ein Stapel mit Wortkarten oder Bildern von Haustieren und ein Stapel mit einer Auswahl möglicher Geschenke gelegt. Nach einem Beispielsatz soll reihum ein Satz gelegt und gesprochen werden; abschließend können wahlweise die komischsten Sätze noch einmal wiederholt werden.

### ◐ Differenzierung
Mit sprachunsicheren Kindern muss die Unterscheidung von *sein* und *ihr* zusätzlich geübt werden. Dafür eignet sich das sprachlich begleitete Hantieren mit Gegenständen von jeweils einem Jungen und einem Mädchen (z. B. das Einräumen von Schul- und Spielsachen oder das Anziehen eines unbekleideten Modells mit Kleidungsstücken): *Das ist sein(e)... Das ist ihr(e)...* Erst danach sollten die persönlichen Beziehungen zu Menschen unterschiedlichen Geschlechts benannt werden (*sein/ihr Onkel; seine/ihre Tante*)

### 📄 Kopiervorlage 31
Anhand von Familienfotos verwenden die Kinder Pronomen zum Vergleichen und Beschreiben.

## Seite 49: Das kann ich schon

### Fokus
Gemäß dem Text von S. 45 soll jeder am Ende des Kapitels auf der Grundlage einer Recherche „seinen Wunschberuf" vorstellen. Dazu benötigt jedes Kind eine Art Steckbrief, der als Notizzettel für den Vortrag dient. Von Seiten der Lehrperson scheint es am wichtigsten zu sein, Verbindungen für die Erkundungen vor Ort herzustellen und Wege aufzuzeigen, die es den Kindern ermöglichen, mit Menschen verschiedener Berufe in Kontakt zu kommen oder sie bei der Arbeit beobachten zu können.

### Aufgabe 1
Zur Unterstützung dieser anspruchsvollen Aufgabe wurden drei Informationsgebiete – Inhalt der Arbeit *Was muss man tun?*, persönliche Anforderungen *Wie muss man sein?* und *Welche Besonderheiten hat die Arbeit?* – teilweise mit differenzierten Aspekten aufgelistet, an denen sich die Kinder bei ihrer Informationssammlung orientieren können und sprachliche Hilfe erhalten.
Wichtig ist das Gespräch in der Gruppe über die gewonnenen Informationen, weil erst über den Vergleich mit verschiedenen Aussagen sich klarere Vorstellungen über das Spezifische beruflicher Tätigkeiten herausbilden können.

### Aufgabe 2
Das schriftliche Fixieren des gewonnenen Wissens über den gewünschten Beruf, bei dem auch die Redemittel genutzt werden können, soll von allen Kindern geleistet werden, denn schließlich braucht jeder für seinen Vortrag ein kleines Redemanuskript.

# 8 Wahre Geschichten?

## Seite 50: Einstiegsseite/Bildlexikon

### Fokus
Im Kontext von Fabeln erfolgt eine Beschäftigung mit Beziehungswörtern und Pronomen, also mit Wörtern, denen eine große Bedeutung zukommt, weil sie die Kohärenz in Äußerungen oder Texten herstellen. Sie halten die bedeutungstragenden Wörter gewissermaßen zusammen, stellen für die Kinder aber eine Hürde beim Verstehen dar, weil sie als ‚bedeutungsleere' Wörter leicht übersehen werden. Zur Einführung in den Bereich der Fabeln wird auf der Seite ein Gespräch über verschiedene Arten von Geschichten und Büchern angeregt: die Märchen *Rotkäppchen* und *Froschkönig*, die Fabeln *Fuchs und Rabe* und *Wie die Maus den Löwen rettete*, zwei fiktive Kinderbücher und zwei fiktive Comics bzw. Zeichentrickfilm-Geschichten.

### Bildlexikon/Erzählbild
die Comic-Reihe, die Fabel, das Kinderbuch, das Märchen

aufschreiben, beschreiben, erzählen, weitererzählen

### Redemittel/Mikrofonwörter
*Die Hauptfigur ist ... | Die Hauptfiguren sind ... | Die Geschichte handelt von ... | Es geht um ... | Ich interessiere mich für ... |*
*Am Anfang ... | Schließlich ... | Am Ende ...*

### Aufgabe 1
Die Kinder sollen jeweils zwei Abbildungen einander zuordnen und dabei überlegen, was die dargestellten Geschichten miteinander gemeinsam haben. Dabei bietet es sich an, mit den Kindern auch die Entwicklung vom mündlichen Erzählen und dem Weitererzählen von Märchen und Fabeln zum schriftlichen Festhalten dieser Geschichten zu thematisieren.

### Aufgabe 2
Die Kinder erzählen von Geschichten-/Bücherarten, die ihnen besonders gut gefallen. Die angeführten Redemittel / Mikrofonwörter helfen ihnen, ihr Sprechen über die Bücher oder die Geschichten zu strukturieren. Es ist wichtig, dass hier ausreichend Raum gegeben wird, neben dem Erzählen und Zuhören auch die unterschiedlichen Vorlieben in ihrer Unterschiedlichkeit zu würdigen.

### Weitere Anregungen
- In der Klasse oder Schule wird eine Umfrage durchgeführt, welche Bücher(arten) am beliebtesten sind.

– Die Kinder befragen entsprechend die Person, die für die Schulbücherei zuständig ist, oder erstellen eine Tabelle, welche Bücherarten in welcher Anzahl in der Bücherei zu finden sind.

### Aufgabe 3
Die Kinder suchen zu den unterschiedlichen Arten von Geschichten/Büchern weitere Beispiele. In einer Tabelle schreiben sie die Titel der Geschichten in ihr Heft und nennen die entsprechenden Hauptpersonen. Beim gegenseitigen Vorstellen der Bücher können sie auf die Redemittel des Bildlexikons zurückgreifen und sie weiter mündlich üben.

### ☺ Aufgabe zum Ich-Heft
*Wähle ein Buch aus und präsentiere es in deinem Ich-Heft.* Die Seite kann ‚werbend' gestaltet werden und entsprechend den in der Klasse jeweils vorhandenen Routinen im Umgang mit individuellen Lektüren und dem Vorstellen von Büchern verwendet werden.

## Seite 51: Wie die Maus den Löwen rettete + KV 32–33

### Fokus
Beziehungswörter/Konjunktionen im Kontext einer Fabel.

### Aufgabe 1
Sinnvollerweise sollte die Fabel erst einmal ohne das Einfügen der Beziehungswörter bzw. Konjunktionen gelesen werden. Bei einem zweiten Durchlesen setzen die Kinder dann *aber, deshalb, sondern, denn* entsprechend ein. Diese Wörter sind ihnen aus der Umgangssprache oft bekannt, ohne dass sie sie bei ihren eigenen Texten bereits bewusst anwenden. Die Ausdrucksmöglichkeiten der Kinder erhöhen sich bei ihrer Verwendung jedoch erheblich. Sowohl bei der Nutzung als Satzanschluss als auch bei der Nebensatzbildung wird durch sie die Textkohärenz gesteigert und die Aussagen der Sätze werden durch die Beziehungswörter in ein inhaltliches Verhältnis zueinander gesetzt.

### ◐ Differenzierung mit KV 32
Mit der Kopiervorlage 32 können die Beziehungswörter in dieser inhaltlichen Dimension weiter und wiederholt geübt werden. Zuvor ist für jede Gruppe von zwei oder drei SpielerInnen ein Würfel mit den Wörtern *doch, aber, deshalb, um zu, sondern* und *denn* vorzubereiten. Jedes Kind benötigt einen anders farbigen Stift. Es wird abwechselnd bzw. reihum gewürfelt und das Wort in eine passende Lücke eingetragen. Gewonnen hat schließlich, wer die meisten Lücken mit seinen/ihren Eintragungen füllen konnte. Die Kinder sollten ermuntert werden, die Sätze jeweils laut vorzulesen.

### Weitere Anregung
Die Kinder sammeln die Fabel in anderen Sprachen, lesen sie sich gegenseitig vor, schreiben sie auf. Auch Erwachsene können in die Klasse eingeladen werden, um in den Familiensprachen der Kinder weitere Fabeln vorzulesen.

### 📄 Kopiervorlage 33
Die Kopiervorlage stellt eine weitere Fabel bereit, die die Kinder mithilfe von auszuwählenden Satzstreifen nacherzählen.

## Seite 52: Die Maus ist klein, aber sie hat eine großartige Idee

### Fokus
Nebensatzbildung unter Verwendung der entgegensetzenden Beziehungswörter/Konjunktionen *aber* und *sondern*.

### Aufgabe 1
Die Aufmerksamkeit der Kinder wird hier auf die bereits auf der vorherigen Seite implizit eingeführte Bildung von Nebensätzen mit *aber* gelenkt. Bei der Bearbeitung der Aufgabe greifen die Kinder ggf. auf den Lesetext der Seite 51 zurück.

### ◐ Differenzierung
Benötigen die Kinder Unterstützung bei der Satzbildung, so kann die Aufgabe 2 als mündliche Übung vorgeschaltet werden. Die Satzstellung, bei der das Verb an der zweiten Position steht, ändert sich bei Sätzen mit *aber* oder *sondern* nicht.
Darüber hinaus kann es sinnvoll sein, durch Vergleiche zu verdeutlichen, was das Wort *aber* bei einer solchen Nebensatzbildung auf der Bedeutungsebene inhaltlich ‚leistet'. Die Funktion der Entgegensetzung bzw. Gegenüberstellung kann durch ein Beispiel angesprochen werden: *Der Löwe wollte die kleine Maus fressen <u>und</u> die Maus hatte eine Idee – Der Löwe wollte die kleine Maus fressen, <u>aber</u> die Maus hatte eine Idee … Welcher Satz ist besser? Welcher Satz ist genauer? Warum …?*

### Aufgabe 2
Die Bildung von Nebensätzen, die mit *aber* eingeleitet werden, wird mündlich geübt. Dies kann natürlich auch mit etwas mehr Bewegung durch das Zuwerfen eines Balls geschehen. Auch hier kann in Alltagskontexten die ‚Leistung' des *aber* gezeigt werden: *Murat möchte Fußball spielen <u>und</u> es regnet – Murat möchte Fußball spielen, <u>aber</u> es regnet.*

### Aufgabe 3
Die Bearbeitung der Aufgabe erfolgt analog zu Aufgabe 1.

## Aufgabe 4
Diese Aufgabe wird entsprechend der Aufgabe 2 bearbeitet. Sie gibt die Möglichkeit, im Alltagskontext zu üben und sich dabei mit der Funktion des *sondern* auseinanderzusetzen; z. B. *Aylin kann Basketball nicht leiden, sondern sie spielt viel lieber Fußball.*

## Seite 53: Die Schildkröte und der Hase + KV 34

### Fokus
Pronomen im Kontext einer Fabel.

### Aufgabe 1
Für das Textverständnis beim Lesen ist die Zuordnung von Pronomen zu den Nomen, die sie ersetzen, von großer Bedeutung. Bei der Bearbeitung der Aufgabe markieren die Kinder die Pronomen des Maskulinums mit einem roten Punkt, die Pronomen des Femininums mit einem blauen. Für die Erklärung der Aufgabenstellung sollte die Seite auf Folie kopiert und die Markierung der ersten Pronomen beispielhaft gemeinsam mit allen Kindern vorgenommen werden. Dies gilt auch für den Beginn der ‚Wege'. Nach Möglichkeit sollten die Kinder für die Aufgabe Buntstifte benutzen, damit der Text lesbar bleibt; bei Filzstiften ist das nicht immer der Fall.
Die Pronomen des Plurals sind nicht Lerngegenstand dieser Seite. Sie wurden daher lediglich in den ersten Zeilen, in denen sie verwendet werden mussten, markiert.

### Differenzierung
Je nachdem, in welchem Maße Pronomen bereits in anderen Unterrichtszusammenhängen eingeführt worden sind, sollte die ersetzende Funktion der Pronomen an einigen Beispielen mit Wortkarten erläutert und dabei auch der Begriff Fürwort erklärt werden.
Eine zusätzliche Unterstützung ergibt sich, wenn man die Pronomen vorab nach den Genera (für die Kinder *der-Wörter*, *die-Wörter* und *das-Wörter* genannt) sortiert.

### Aufgabe 2
Die Kinder schreiben einen analogen Text über zwei Tiere, die ein ähnliches Wettrennen veranstalten. Sie können ins Heft schreiben oder auch die entsprechende Kopiervorlage 34 verwenden.

### Kopiervorlage 34
Die Kopiervorlage 34 liefert den Text von Seite 53 noch einmal als einen Lückentext, den die Kinder mit zwei Tieren unterschiedlicher Genera füllen können.

## Seite 54: Dumme Raben, kluge Mäuse

### Fokus
In Fabeln werden den Tieren menschliche Eigenschaften zugeschrieben. In diesem Rahmen beschäftigt sich die Seite mit der Wortbildung.

### Aufgabe 1
Die Kinder lesen sich die Fabeln *Wie die Maus den Löwen rettete* und *Die Schildkröte und der Hase* noch einmal durch und ordnen die Adjektive den entsprechenden Tieren zu.

### Aufgabe 2
Die Aufgabe regt zum Sprechen über die vorgenommenen Zuordnungen in Partnerarbeit an. Die Kinder sollten darauf hingewiesen werden, dass sie dabei jeweils ihre Meinung begründen sollen.

### Aufgabe 3
Die Adjektive aus Aufgabe 1 werden den entsprechenden Nomen zugeordnet. Teilweise ist den Kindern diese Zuordnung aus dem Bereich der Rechtschreibung möglicherweise bereits bekannt: die M_a_cht – m_ä_chtig, die Kr_a_ft – kr_ä_ftig.

### Differenzierung
In einer zusätzlichen Übung kann folgende Wortbildung geübt werden. Ein Ball wird herumgeworfen. Das erste Kind sagt ein Adjektiv, das zweite antwortet mit dem entsprechenden Nomen und nennt seinerseits das nächste Adjektiv.

### Aufgabe 4
In Partnerarbeit sehen sich die Kinder die Nomen der Aufgabe 3 noch einmal an. Im Hinblick auf die Aufgabenstellung können sie herausfinden, dass nur das Nomen *Mut* den Artikel *der* hat, während alle anderen den Artikel *die* haben. Darüber hinaus können die Kinder sich aber auch noch einmal mit den Wortendungen *-heit* und *-keit* beschäftigen.

## Seite 55: Der Fuchs und der Storch

### Fokus
Die Seite ist so gestaltet, dass die Kinder die drei Schritte *Hören, Weitererzählen* und *Schreiben* anhand einer Fabel durchlaufen. Die Bildergeschichte ist der bekannten Fabel von Aesop nachempfunden.

### Aufgabe 1
Zu Beginn erzählt die Lehrkraft die Fabel.
Der Fuchs lud den Storch freundlich zum Abendbrot ein, bereitete eine sehr schmackhafte Suppe, brachte diese aber in einer ganz flachen Schüssel auf den Tisch. Der Storch

konnte natürlich mit seinem langen Schnabel nichts von der flachen Schüssel wegbekommen und musste trübselig zusehen, wie sein Wirt sich die Suppe schmecken ließ. Nicht lange darauf bat nun der Storch den Fuchs, ihn zu besuchen. Und siehe, da setzte er ihm die Mahlzeit in einer Flasche mit langem, engem Halse vor. Mit Leichtigkeit steckte der Storch seinen Schnabel in die Flasche und lobte die feine Brühe, während der Fuchs wütend und hungrig dasaß und vorgab, keinen Appetit zu haben, denn er konnte seine Schnauze unmöglich in die Flasche hineinbringen. (Aesop)

### ◐ Differenzierung
Durch die Auswahl einer anderen Textversion kann eine Differenzierung zum Leichten erfolgen. Darüber hinaus kann weiter differenziert werden, indem noch vor der Beschriftung der Sprechblasen die Fabel nacherzählt wird.

### Aufgabe 2
Bei der Vorübung zur Nacherzählung erhalten die Tiere Sprech- und Denkblasen und die Kinder vollziehen dabei die Struktur der Fabel nach.

### Aufgabe 3
Die Kinder erzählen sich nun in Partnerarbeit gegenseitig die Fabel und schreiben sie dann gemeinsam auf. Sinnvollerweise sollten sie noch einmal auf den Wechsel zum Präteritum hingewiesen werden oder auch auf die Möglichkeiten der Verwendung von Nebensätzen mit *aber*, *sondern* oder *doch*.

### ◐ Differenzierung
Die Texte der Kinder bieten die Gelegenheit, Einblick in ihren Lernstand hinsichtlich der zuvor genannten Aspekte zu erhalten und ggf. unterstützend Korrekturtipps zu geben.

# Das habe ich gelernt

## Seite 56: Im Großmarkt

### Fokus
Die Kinder erhalten auf dieser Seite die Möglichkeit, Satzanschlüsse mit *wenn* und *weil* zu wiederholen.

### Aufgabe 1
Die Kinder lesen den kurzen Text und kreisen die Verben ein. Dies verdeutlicht ihnen nochmals den Stand der Verben im Satz.

### Aufgabe 2
Zur Bearbeitung dieser Aufgabe lesen die Kinder den Text aus Aufgabe 1 erneut. Mithilfe dieser Sätze werden die vorgegebenen Sätze mit den Satzanschlüssen *weil* und *wenn* weitergeführt. Allerdings muss darauf geachtet werden, dass die Sätze passend umgeformt werden müssen.

### Aufgabe 3
Wurden alle Sätze aus Aufgabe 2 vervollständigt, werden auch hier die Verben eingekreist. Die Kinder können den Stand der Verben aus Aufgabe 1 und 3 vergleichen.

## Seite 57: Unsere Lesenacht

### Fokus
Die Kinder erhalten auf dieser Seite die Möglichkeit, Satzanschlüsse mit *weil*, *dass* und *damit* zu wiederholen.

### Aufgabe 1
Die Kinder lesen den kurzen Text und kreisen die Verben ein. Dies verdeutlicht ihnen nochmals den Stand der Verben im Satz.

### Aufgabe 2
Zur Bearbeitung dieser Aufgabe lesen die Kinder den Text aus Aufgabe 1 erneut. Mithilfe dieser Sätze werden die vorgegebenen Sätze mit den Satzanschlüssen *weil*, *dass* und *damit* weitergeführt. Allerdings muss darauf geachtet werden, dass die Sätze passend umgeformt werden müssen.

### Aufgabe 3
Wurden alle Sätze aus Aufgabe 2 vervollständigt, werden auch hier die Verben eingekreist. Die Kinder können den Stand der Verben aus Aufgabe 1 und 3 vergleichen.

## Seite 58: Noch einmal gut gegangen

**Fokus**
Die Kinder wiederholen die Zeiten Perfekt und Präteritum.

**Aufgabe 1**
Mithilfe der im Kasten vorgegebenen Wörter schreiben die Kinder eine Geschichte im Perfekt. Der vorgegebene Satz erleichtert den Einstieg.

**Aufgabe 2**
Die Geschichte aus Aufgabe 1 wird nun im Präteritum nacherzählt und in ein Heft geschrieben.

**Aufgabe 3**
Die Kinder ergänzen die fehlenden Zeiten in der Tabelle. Die Veränderung der Verben kann von den Kindern somit gut wahrgenommen werden.

## Seite 59: Verwandte Wörter

**Fokus**
Die Verwendung von Wortfamilien.

**Aufgabe 1**
Die angefangene Tabelle wird in ein Heft übertragen und mit den vorgegebenen Wörtern aus dem Kasten weiter gefüllt. Die Genuspunkte der Nomen werden eingefärbt.

**Aufgabe 2**
Die Kinder werden aufgefordert, weitere Wörter im Lexikon nachzuschlagen und mit diesen die angefangene Tabelle aus Aufgabe 1 zu ergänzen.

**Aufgabe 3**
Zu jeder Wortfamilie schreiben die Kinder einen vollständigen Satz in ihr Arbeitsheft.

## Seite 60/61: Bingo

**Fokus**
In spielerischer Form finden zahlreiche Adjektive Verwendung. Auf beiden Seiten werden dazu mehrere Möglichkeiten des Bingo-Spiels angeboten.

**Aufgabe 1**
Die Seiten werden kopiert, sodass den Kindern Spielkarten zur Verfügung stehen. Gespielt werden kann mit bis zu 5 Kindern. Dabei kommt einem Kind die Rolle des Spielleiters zu. Die anderen Mitspieler wählen sich zu Beginn jeder ein Spielfeld aus.

Die Karten liegen verdeckt auf dem Tisch. Der Spielleiter nimmt eine Karte, das Kind, das die Karte für seinen Spielplan benötigt, bildet mit der Karte einen Satz und legt sie entsprechend auf dem Spielplan ab. Hat eines der spielenden Kinder eine Reihe waagerecht, senkrecht oder diagonal gefüllt, ruft es Bingo und wird der nächste Spielführer. Der alte Bingomaster übernimmt den frei gewordenen Spielplan. Das Spiel beginnt von vorne.
Die Kleidungsstücke auf Seite 61 können von den Kindern individuell passend zu den Adjektiven gestaltet werden. Die Genuspunkte werden eingefärbt.

## Seite 62: Wer? Wem? Wen? Was?

**Fokus**
Spiel zur Festigung der Fälle in kleinen Satzkonstruktionen.

**Aufgabe 1**
Die Kinder lesen den Text und spielen nach Vorgabe der Spielanleitung.

## Seite 63/64: Vogel und Räder

**Fokus**
Mit Vogel und Rädern können Sätze gebildet werden. Hier liegt der Fokus auf Verben, die mit einem Reflexivpronomen versehen werden können oder müssen.

**Anleitung**
Die Räder und der Vogel werden an den markierten Stellen ausgeschnitten und laminiert. Mithilfe von Musterbeutelklammern werden die Räder hinter dem Vogel befestigt.

Gelbe Räder (S. 63):
Rad 1: Personalpronomen im Nominativ
Rad 2: Reflexive Verben: sich wundern, sich beeilen, sich verabreden, sich freuen, sowie teilreflexive Verben: sich ärgern, sich treffen (Ich ärgere mich und ich ärgere dich.)
Rad 3: Reflexivpronomen

Bei der Montage sollte die Lehrkraft darauf achten, dass entweder nur gelbe oder nur rosa Räder in den ausgeschnittenen Fensterchen erscheinen.

# Wörter aus dem Bildlexikon, Heft B

## Alphabetisch mit Kapitelangabe

### Nomen

Affe, der 7
Ampel, die 4
Anspitzer, der 2
Aquarium, das 7
Arm, der 6
Auge, das 6
Auto, das 4

Ball, der 1
Bank, die 3
Bär, der 7
Bauch, der 6
Bein, das 6
Besen, der 8
Bild, das 2
Brotstück, das 8
Bruder, der 5
Brust, die 6
Buch, das 2

Computer, der 1
Cousine, die 5

Dach, das 5
Delfin, der 7
Domino, das 1

Eimer, der 7
Eis, das 1
Elefant, der 7
Erdgeschoss, das 5
Erdloch, das 7
Erdmännchen, das 7
1. Etage, die 5

Fahrrad, das 1
Fahrradladen, der 4
Fenster, das 2
Finger, der 6
Flügel, der 8
Flügel, die 8 (Plural)
Fuß, der 6

Gehege, das 7
Gesicht, das 6
Giraffe, die 7

Großeltern, die 5

Haar, das 6
Hals, der 6
Hamster, der 1
Hand, die 6
Hase, der 1
Haus, das 5
Heft, das 2
Helm, der 4
Herd, der 5
Hexe, die 8
Höhle, die 7
Hund, der 1

Käfig, der 7
Kaktus, der 5
Katze, die 1
Kaufhaus, das 4
Kinderzimmer, das 5
Kinn, das 6
Knie, das 6
Kopf, der 6
Kreide, die 2

Limo, die 1
Lineal, das 2
Locher, der 2
Löwe, der 7

Mantel, der 8
Mappe, die 2
Milch, die 1
Mund, der 6
Mutter, die 5

Nase, die 6

Obst- und Gemüsehändler, der 4
Ohr, das 6
Oma, die 5
Onkel, der 5
Opa, der 5

Pinguin, der 7
Pinsel, der 2
Pizza, die 1
Po, der 6

Rabe, der 8
Radiergummi, der 2

Regal, das 2
Reifen, der 7
Roller, der 1
Rollstuhl, der 4
Rücken, der 6

Saft, der 1
Sand, der 3
Schaukel, die 3
Schere, die 2
Schnabel, der 8
Schornstein, der 5
Schule, die 4
Schultasche, die 2
Schulter, die 6
Schwamm, der 2
Spielplatz, der 3
Stift, der 2
Stirn, die 6
Straße, die 4
Stuhl, der 2
Supermarkt, der 4

Tafel, die 2
Tante, die 5
Tierhandlung, die 4
Tisch, der 2
Tür, die 2

Uhr, die 2

Vater, der 5

Wasser, das 1
Wippe, die 3
Wohnzimmer, das 5

Zahn, der 6
Zauberer, der 8
Zauberwald, der 8
Zebra, das 7
Zebrastreifen, der 4
Zeh, der 6
Ziege, die 7
Zoo, der 7

### Verben

bauen 3
er erschreckt sich 8
sich erschrecken 8
fahren 4
fährt 4
fangen 1
füttern 7
gehen 4
gehen durch 8
helfen 5
hochfliegen 8
kaufen 4
klettern 3
kochen 5
lachen 3
laufen 4
läuft 4
lesen 1
malen 1
rechnen 1
reden 5
rennen 3
sammeln 3
schauen 7
schieben 4
schreiben 1
spielen 1
springen 7
streicheln 7
suchen 3
tanzen 3
überqueren 4
verkaufen 4
werfen 8
wohnen 5
er wundert sich 8
sich wundern 8

# Wörter aus dem Bildlexikon, Heft C

## Alphabetisch mit Kapitelangabe

### Nomen

50-m-Lauf, der 2
Abend, der 7
Antenne, die 8
Außerirdische, der 8
Balkon, der 5
Beere, die 6
Briefkasten, der 5
Briefträger, der 5
Buntspecht, der 6
Bürste, die 1
Computerraum, der 2
Decke, die 6
Einfamilienhaus, das 5
Eingangshalle, die 2
Erdbeerpflanze, die 8
Fahrbahn, die 4
Fahrradweg, der 4
Familie, die 5
Fisch, der 1
Flachdach, das 5
Freund, der 3
Freundin, die 3
Gehweg, der 4
Gemüse, das 1
Haltestelle, die 4
Handzeichen, das 4
Hausmeister, der 2
Haustier, das 1
Helm, der 4
Heu, das 1
Hirsch, der 6
Hochhaus, das 5
Kaninchen, das 1
Kartenspiel, das 3
Klassenzimmer, das 2
Klingelschild, das 5
Kuckuck, der 6
Laubbaum, der 6
Lehrerzimmer, das 2
Maschine, die 8
Maßband, das 2
Maus, die 1
Meerschweinchen, das 1
Mehrfamilienhaus, das 5
Mieter, die 5 (Plural)
Mittag, der 7
Morgen, der 7
Nachbar, der 5
Nachbarin, die 5
Nachmittag, der 7
Nacht, die 7
Nadelbaum, der 6
Picknick, das 6
Pilz, der 6
Rampe, die 2
Reh, das 6
Reihenhaus, das 5
Satellitenschüssel, die 5
Schildkröte, die 1
Schulbücherei, die 2
Sekretariat, das 2
Sekretärin, die 2
Spielregel, die 3
Sportplatz, der 2
Springseil, das 3
Stoppuhr, die 2
Straßenrand, der 4
Streu, die 1
Treppe, die 2
Turnhalle, die 2
Ufo, das 8
Verkehrsschild, das 4
Vorfahrtstraße, die 4
Vorgarten, der 5
Vormittag, der 7
Weitsprung, der 2
Weitwurf, der 2
Wellensittich, der 1
Wiese, die 6
Wildschwein, das 6
Würfel, der 3
Zweifamilienhaus, das 5

### Verben

anhalten 4
aufpassen 4
aufsetzen 4
aufstehen 4
aussteigen 4
beobachten 1
essen 6
feiern 6
fliegen 8
gewinnen 3
hinfallen 4
hüpfen 3
landen 8
losfahren 4
quieken 1
starten 8
streiten 3
umschauen 4
verlieren 3
verstecken 3
würfeln 3
ziehen 3

### Adjektive

alt 5
essbar 6
flach 5
giftig 6
glatt 1
glücklich 3
groß 1
hart 1
hoch 5
hungrig 6
klein 1
krank 3
langsam 1
laut 5
leise 5
neu 5
rau 1
riesig 8
satt 6
schnell 1
seltsam 8
traurig 3
unheimlich 8
vorsichtig 4
weich 1
wild 1
winzig 8
zahm 1

### Adverbien

abends 7
links 4
mittags 7
morgens 7
nachmittags 7
nachts 7
rechts 4
vormittags 7

### Trennbare Verben

ab-biegen
ab-fahren
ab-setzen
ab-steigen
an-halten
auf-gehen
auf-passen
auf-setzen
aus-steigen
los-fahren
(sich) um-schauen
vorbei-lassen
weiter-fahren

### Verben mit regelmäßiger Perfektbildung
(Heft B, Heft C)

bauen, hat gebaut
füttern, hat gefüttert
kochen, hat gekocht
lachen, hat gelacht
landen, ist gelandet
malen, hat gemalt
rechnen, hat gerechnet
reden, hat geredet
sammeln, hat gesammelt
spielen, hat gespielt
starten, ist gestartet
suchen, hat gesucht
wohnen, hat gewohnt
würfeln, hat gewürfelt

### Verben mit unregelmäßiger Perfektbildung
(Heft B, Heft C)

fahren, ist gefahren
fangen, hat gefangen
fliegen, ist geflogen
gehen, ist gegangen
gewinnen, hat gewonnen
helfen, hat geholfen
laufen, ist gelaufen
lesen, hat gelesen
nehmen, hat genommen
rennen, ist gerannt
schieben, hat geschoben
schreiben, hat geschrieben
streiten, hat gestritten
verlieren, hat verloren
werfen, hat geworfen
ziehen, hat gezogen

## Wörter aus dem Bildlexikon, Heft D

### Alphabetisch mit Kapitelangabe

#### Nomen

die Altenpflegerin 7
die Arzthelferin 7
die Ärztin 7
der Autoschlosser 7
der Badeanzug 5
die Badehose 5
die Bettruhe 5
die Bilderbücher 3 (Plural)
der Blumentopf 2
die Bohne 2
die Bücherei 3
der Bürokaufmann 7
die CD 5
die Comic-Reihe 8
der Dachdecker 7
die Detektivgeschichten 3 (Plural)
die Erde 2
das Etagenbett 5
die Fabel 8
der Feuerwehrmann 7
die Forschung 3
die Freundschaft 3
die Friseurin 7
der Gabelstapler 4
die Gießkanne 2
die Gruselgeschichten 3 (Plural)
die Hörspiele 3 (Plural)
das Internet 2
die Kantine 4
die Karre 4
der Keim 2
das Kinderbuch 8
die Köchin 7
die Krimis 3 (Plural)
die Lehreraufsicht 6
der Leseanfänger 3
das Lesezeichen 5
die Lesung 3
das Lexikon 2
der Lieferwagen 4
der Maler 7
die Märchen 3 (Plural)
das Märchen 8

die Nachtwanderung 5
das Nebengebäude 1
die Nummer 2
die Palette 4
die Pausenordnung 6
die Pflanze 2
die Raumpflegerin 7
der Rucksack 5
die Sachbücher 3
der Schlafsack 3
der Schreck 6
das Schulgebäude 1
die Schürze 4
die Sorge 6
die Taschenlampe 5
der Tischdienst 5
der Tischtennisschläger 5
der Versuch 2
das Wachstum 2
der Zahnarzt 7

#### Verben

abwiegen 4
anbieten 4
anstreichen 7
aufschreiben 8
auswählen 4
basteln 2
beschreiben 8
besorgen 2
erzählen 8
frisieren 7
füllen 2
gießen 2
heilen 7
keimen 2
kuscheln 3
löschen 7
nachschlagen 2
nummerieren 2
pflanzen 2
pflegen 7
reparieren 7
schlafen 3
schmökern 3
verletzen - sich verletzen 6
wachsen 2
weitererzählen 8
zuhören 3

#### Adjektive

besorgt 6
bunt 3
einfarbig 3
erschrocken 6
hellblau 1
hoch 3
niedrig 3
zitronengelb 1
zweifarbig 1
zweistöckig 1

#### Weiteres Wortmaterial

auf den Baumstumpf springen 6
der Hindernislauf: Start und Ziel 6
durch das Gebüsch kriechen 6
über das Drahtseil springen 6

Name:

KV 1

Name: ........................................................................

KV 2

Name: ........................................................................................................  KV 3

**Wir vergleichen Tiere**

1. Spielt zu zweit.
   - Schneidet zuerst den Stern an den Schneidelinien auseinander.
   - Legt je 6 Dreiecke verdeckt vor euch.
   - Der erste Spieler nimmt von jedem Stapel eine Karte.
     Er sagt z. B.: „Ein Elefant ist größer/schneller als ein Käfer."
     Der zweite Spieler muss dann ein anderes Adjektiv benutzen:
     „Ein Käfer ist kleiner/langsamer als ein Elefant."
   - Dann nimmt der Spieler 2 neue Kärtchen.

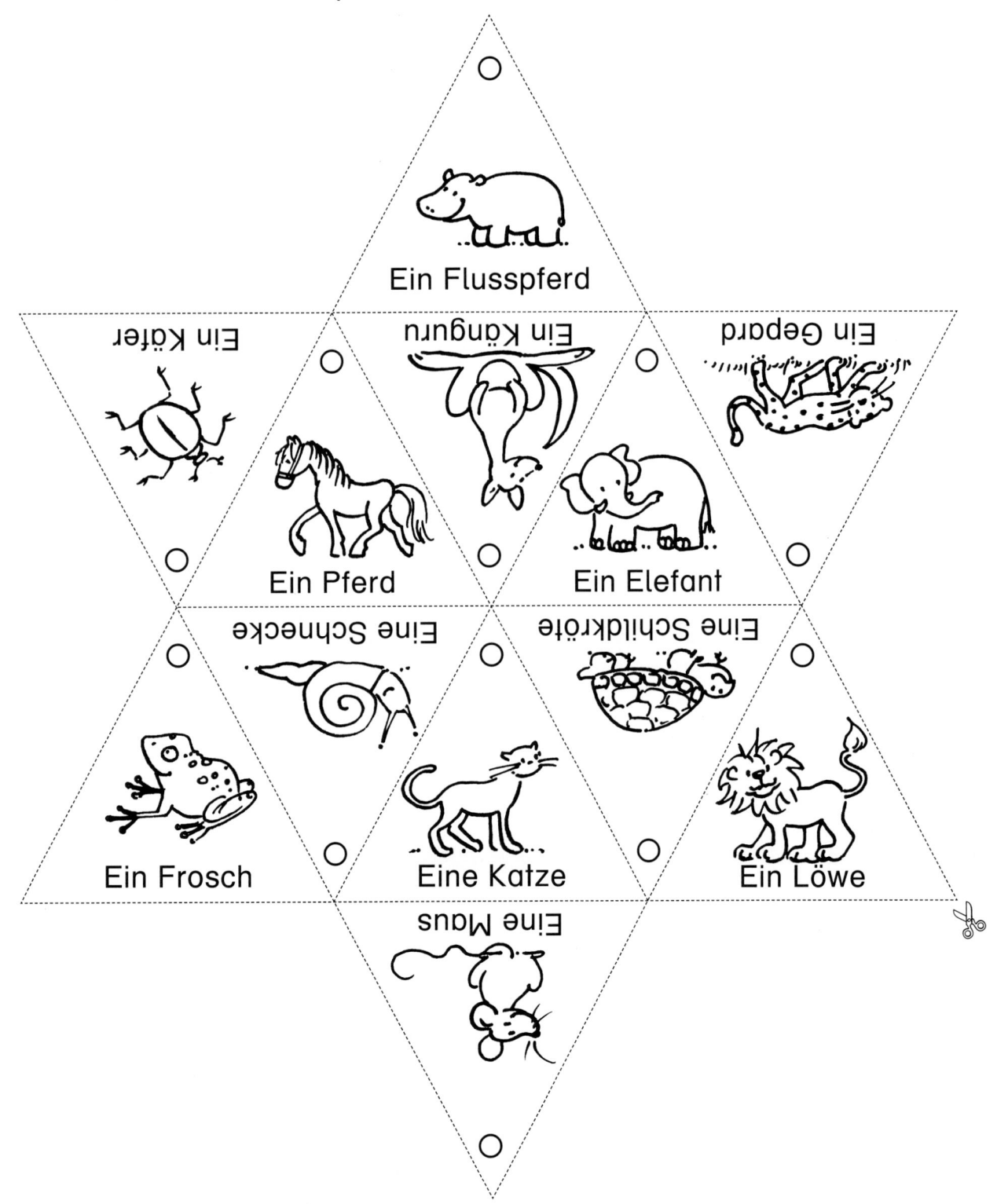

Ein Flusspferd

Ein Käfer

Ein Känguru

Ein Gepard

Ein Pferd

Ein Elefant

Eine Schnecke

Eine Schildkröte

Ein Frosch

Eine Katze

Ein Löwe

Eine Maus

Name: ..................................................................

KV 4

**Personenbeschreibung**

**Wörter, die dir helfen können:**

die Haare, dunkel, schwarz,
braun, blond,
kurz, lang, mittellang,
das Trikot, der Ärmel,
kurzärmlig, der Kragen,
die Hose, kurz, der Strumpf,
die Strümpfe,
die Fußballschuhe

1 Suche dir ein Kind aus. Male es an.

2 Beschreibe das Kind. Beginne bei den Haaren.
Benutze verschiedene Sätze.
Diese Satzmuster können dir helfen.

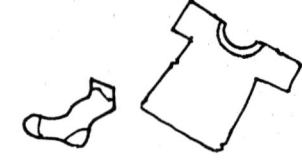

| | |
|---|---|
| Murat hat dunkelbraune Haare. | Samira hat schwarze Haare. |
| Er hat ein gelbes Fußballtrikot. | Sie trägt einen roten Pullover. |
| Seine Hose ist schwarz. | Ihre Turnschuhe sind schwarz. |
| Außerdem trägt er gelbe Strümpfe. | Schwarz sind auch ihre Strümpfe. |

_____
_____
_____
_____
_____

Name: ........................................................... KV 5

**Personenbeschreibung**

Name: ..................................................................................

KV 6

**Piraten und Hexen**

**1** Überlege, was passt.

| wie | als |

Mein Pirat kann genauso gut schwimmen _____ dein Pirat.
Aber mein Pirat ist gefährlicher _____ dein Pirat.

Mein Pirat ist vielleicht nicht so gefährlich _____ dein Pirat.
Doch er ist klüger _____ dein Pirat. Außerdem ist sein Säbel größer und schärfer _____ der Säbel von deinem Seeräuber.

Der Säbel von deinem Piraten ist vielleicht größer _____ der Säbel von meinem Seeräuber. Aber mein Seeräuber kann damit viel besser kämpfen _____ dein Pirat.

Mein Pirat singt genauso gern _____ dein Pirat Seeräuberlieder.
Und mein Pirat säuft genauso gern _____ dein Seeräuber.

**2** Ergänze die Sätze.

| genauso .... wie | .... als. |

Meine Hexe kann _____ deine Hexe.
Meine Hexe kennt _____ Zaubersprüche _____ deine Hexe.
Doch sie kann außerdem _____ kochen _____ deine Hexe.

Aber meine Hexe kann _____ deine Hexe.
Meine Hexe kann auch _____ deine Hexe.
Sie hat einen Raben.
Der Rabe kann _____ der Rabe von deiner Hexe.

Name: ..................................................................................  ✂ KV 7

## Rechenaufgaben

---

Peter und Murat wollen sich neue Fahrräder kaufen. Peter hat schon 130 Euro gespart.
Murat hat 23 Euro *mehr als* sein Freund gespart.

Frage: Wie viel Euro hat Murat gespart?

Rechnung:

Antwort:

---

Dilara und Kübra haben Bohnen gepflanzt. Sie vergleichen ihre Pflanzen.
Dilaras Pflanze ist 45 cm groß.
Kübras Pflanze ist 12 cm *größer als* Dilaras Bohnenpflanze.

Frage: Wie hoch ist Kübras Pflanze?

Rechnung:

Antwort:

---

Die Kinder haben Haustiere mit in die Schule gebracht.
Sie vergleichen das Alter der Tiere.
Bernas Hamster ist 9 Monate alt.
Tinas Tier ist 6 Monate *älter als* der Hamster von Berna.
Antons Hamster ist jedoch noch einmal 4 Monate *älter.*

Frage: Wie alt ist Antons Hamster?

Rechnung:

Antwort:

---

Die Kinder machen eine Umfrage, wie alt ihre Geschwister sind.
Murats Bruder ist genauso *alt wie* Tinas Schwester.
Tinas Schwester ist 3 Jahre *jünger als* Tina. Tina ist 9 Jahre.

Frage: Wie alt sind Murats Bruder und Tinas Schwester?

Rechnung:

Antwort:

---

Am Samstag kommen 145 Zuschauer ins Kino.
Am Sonntag scheint die Sonne.
Es kommen 23 Zuschauer *weniger als* am Tag zuvor.

Frage: Wie viele Zuschauer sind es am Sonntag?

Rechnung:

Antwort:

---

Die Kinder wollen herausfinden, wer das jüngste Kind in der Klasse ist.
Sabrina ist 9 Jahre und 8 Monate.
Murat ist 3 Monate *jünger als* Sabrina.
Mario ist 2 Monate *jünger als* Murat.
Petra ist 4 Monate *jünger als* Mario.

Frage: Wie alt ist Petra?

Rechnung:

Antwort:

Name: ......................................... KV 8

**Domino**

| | | | |
|---|---|---|---|
| groß | grün | hart | klar |
| süß | rot | sauber | fleißig |
| blau | gelb | schnell | schwer |
| schwarz | stark | scharf | kalt |

Name: ........................................................................

□ KV 9

**Finde die passenden Satzanfänge**

✏ 1  Schreibe die Sätze um.

1. Die Mutter weckt Deniz.

| zuerst     dann |
| schließlich |
| endlich |
| danach  ~~morgens~~ |

Morgens weckt die Mutter Deniz.

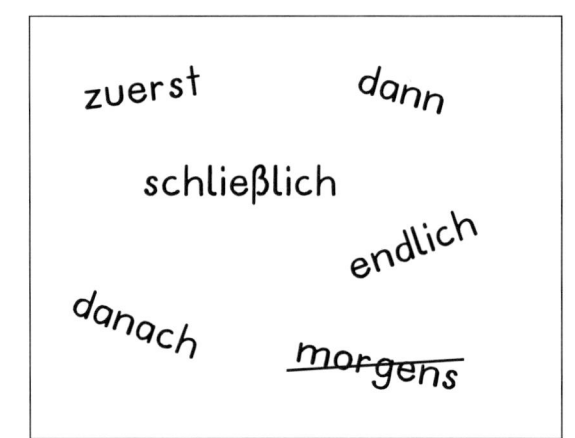

2. Deniz geht ins Badezimmer und wäscht sich.

_____

3. Er frühstückt zusammen mit Oktay und den Eltern.

_____

4. Deniz putzt sich die Zähne und geht auf den Flur.

_____

5. Deniz zieht seine Jacke an, nimmt die Schultasche und geht zum Bus.

_____
_____

6. Er steigt in den Bus ein und fährt zur Schule.

_____

Name: ......................................................................

**Aus zwei mach eins!**

**1** Füge die Sätze mit *weil* zusammen.

1. Alina ärgert sich. Ihr Reifen ist platt.

Alina ärgert sich, weil ihr Reifen platt ist.

2. Jetzt muss sie sich beeilen. Es ist schon sehr spät.

_____

_____

3. Niko freut sich. Alina fährt heute Morgen auch mit dem Bus.

_____

_____

4. Yasin fehlt schon seit einer Woche. Er liegt krank im Bett.

_____

_____

5. Deniz kann heute nicht schwimmen.
   Er hat sein Schwimmzeug vergessen.

_____

_____

6. Oktay ist ganz stolz. Er kommt auch bald in die Schule.

_____

_____

Name: ........................................................................

KV 11

## Was passt zusammen?

**1** Verbinde die zusammengehörigen Verben und Nomen in beiden Kästen in jeweils unterschiedlichen Farben.

---

fließen   ○ ____ Sieg   ○ ____ Flug   tanzen

○ _der_ Fluss   küssen   ○ ____ Tanz

siegen

○ ____ Kuss

stürzen   fliegen   baden   ○

Bad

fallen   ○ ____ Sturz

○ ____ Fall

---

probieren   ○ ____ Telefon   nummerieren   ○ ____ Sorte

telefonieren   ○ ____ Notiz   sortieren   ○ ____ Fotograf

notieren   ○ ____ Probe   fotografieren   ○ ____ Nummer

---

**2** Worin unterscheiden sich die Verben in den beiden Kästen?

**3** Ergänze die Sätze.

Mit ○ _der_ Schaufel kann ich _schaufeln_ .

Mit ○ ____ Säge kann ich _____ .

Mit ○ ____ Löffel kann ich _____ .

Mit ○ ____ Hammer kann ich _____ .

Name: ........................................................................

□ KV 12

**So ein Durcheinander!**

1 Lies die Texte.

2 Suche dir einen Text aus und schreibe ihn richtig auf.

WENNSCHLANGENHINTERSCHLANGENSCHLÄNGELN
SCHLÄNGELNSCHLANGENSCHLANGENNACHUNDWENN
KEINESCHLANGENSCHLÄNGELNSCHLÄNGELNKEINE
SCHLANGENNACH

WENNTIGERHINTERTIGERNTIGERNTIGERTIGERN
NACHUNDWENNKEINETIGERTIGERNTIGERNKEINETIGER
NACH

WENNFLIEGENHINTERFLIEGENFLIEGENFLIEGEN
FLIEGENFLIEGENNACHUNDWENNKEINEFLIEGEN
FLIEGENFLIEGENKEINEFLIEGENNACH.

SEHENTIGERVORSICHTIGERWERDENTIGERVORSICHTIGER

_____

_____

_____

_____

Name: ..................................................................

☐ KV 13

**Mein Lieblingsbuch**

✏ 1 Beschreibe dein Lieblingsbuch.

Der Titel meines Lieblingsbuches lautet:

_____

Der Autor dieses Buches heißt:

_____

Das Buch handelt von

_____

Die Hauptfigur

_____

_____

_____

Das Buch hat mir besonders gefallen, weil

_____

_____

_____

Der Autor hat außerdem noch geschrieben:

_____

Name: ............................................................................

☐ KV 14

**Eins passt nicht dazu!**

1. Setze das Wort, das nicht passt, in Klammern.

   Ballon 1: laufen, malen, ○ Buch, rufen, essen
   
   Ballon 2: kurz, rechnen, lieb, hart, langsam
   
   Ballon 3: ○ Schwert, ○ Ritter, ○ Höhle, riesig, ○ Wolken

2. Trage alle Wörter in die Tabelle ein. Finde weitere Beispiele.

| Nomen mit Artikel | Verben | Adjektive |
|---|---|---|
|  |  |  |
|  |  |  |
|  |  |  |
|  |  |  |
|  |  |  |
|  |  |  |
|  |  |  |
|  |  |  |
|  |  |  |

Name: .................................................................................

KV 15

**Eine unheimliche Begegnung**

1 Markiere Artikel und Adjektivendungen. Schreibe Sätze.

a) Der Wald ist riesig.

Der Ritter ist _____

⇒

Das ist der riesige Wald.

Das ist der _____

Das ist ein riesiger Wald.

Das ist ein _____

b) Die Wolke ist grau.

_____

⇒

Das ist die graue Wolke.

_____

Das ist eine graue Wolke.

_____

c) Das Kind ist klein.

_____

⇒

Das ist das kleine Kind.

_____

Das ist ein kleines Kind.

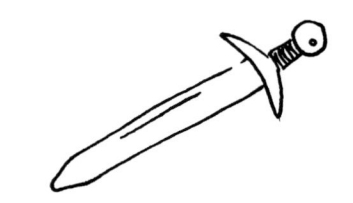

_____

Name: .................................................................................... KV 16

**Der Ritterfilm**

1. Hier siehst du eine spannende Szene aus einem Film.
Kannst du dir denken, was passiert ist? Erzähle.

| | | | |
|---|---|---|---|
| ist angekommen | hat gerufen | ist geschlossen | haben gelacht |
| sind versteckt | haben heruntergelassen | | hat gezogen |
| haben gekämpft | haben besetzt | hat verloren | |

2. Schreibe deine Geschichte im Präsens (Gegenwart) auf.

_____
_____
_____
_____
_____
_____
_____

Name: ................................................................................................ KV 17

**Was Yasin alles sieht**

1  Markiere Artikel und Adjektivendungen. Schreibe Sätze.

a) Der Wald ist riesig.    Der Ritter ist _____

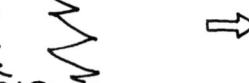

Yasin sieht den riesigen Wald.    Er sieht den _____

Er sieht einen riesigen Wald.    Er sieht einen _____

b) Die Wolke ist grau.    _____

Yasin sieht die graue Wolke.    _____

Er sieht eine graue Wolke.    _____

c) Das Licht ist hell.    _____

Yasin sieht das helle Licht.    _____

Er sieht ein helles Licht.    _____

Name: ......................................................................

🗐 KV 18

## Wem gehört was?

**1** Ergänze die Sätze.

| ○ Schirm | ○ Fußball | ○ Springseil |
| ○ Katze | | ○ Buntstifte |

Ist das _dein_ Fußball?

Nein, _mein Fußball_ ist das nicht.

Das ist _unser Fußball!_

Ist das _____ Schirm?

Nein, _____ ist das nicht.

Das ist _____ !

Ist das _____ Katze?

Nein, _____ ist das nicht.

Das ist _____ !

Ist das _____ Springseil?

Nein, _____ ist das nicht.

Das ist _____ !

Sind das _____ Buntstifte?

Nein, _____ sind das nicht.

Das sind _____ !

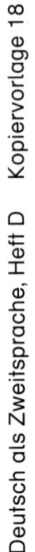

Name: ........................................................

**Verben auf -ieren**

KV 19

---

Alina und Deniz <u>recherchieren</u> für ein Interview.
Alina stellt Freunden und Verwandten Fragen und Deniz notiert die Antworten auf einem Block.
Danach fotografiert Alina die Person bei ihrem Hobby. Zum Schluss diskutieren sie über die Reihenfolge der beliebtesten Hobbys. Sie sortieren und nummerieren die Fotos.
Viele Kinder spielen am liebsten mit ihren Freunden!

---

**1** Markiere die Verben im Text und schreibe sie auf.

recherchieren _____    _____

_____    _____

_____    _____

**2** Setze die Verben im Perfekt ein.
Was passiert mit den Verben auf *-ieren*?

---

Alina und Deniz haben für ein Interview über Hobbys

<u>recherchiert</u>. Alina _____ Freunden und Verwandten Fragen

_____ und Deniz _____ die Antworten auf einem

Block _____ .

Danach _____ Alina die Person bei ihrem Hobby

_____ .

Zum Schluss _____ sie über die Reihenfolge

der beliebtesten Hobbys _____ und die

Fotos _____ und _____ .

Viele Kinder spielen am liebsten mit ihren Freunden!

Name: ..................................................................................

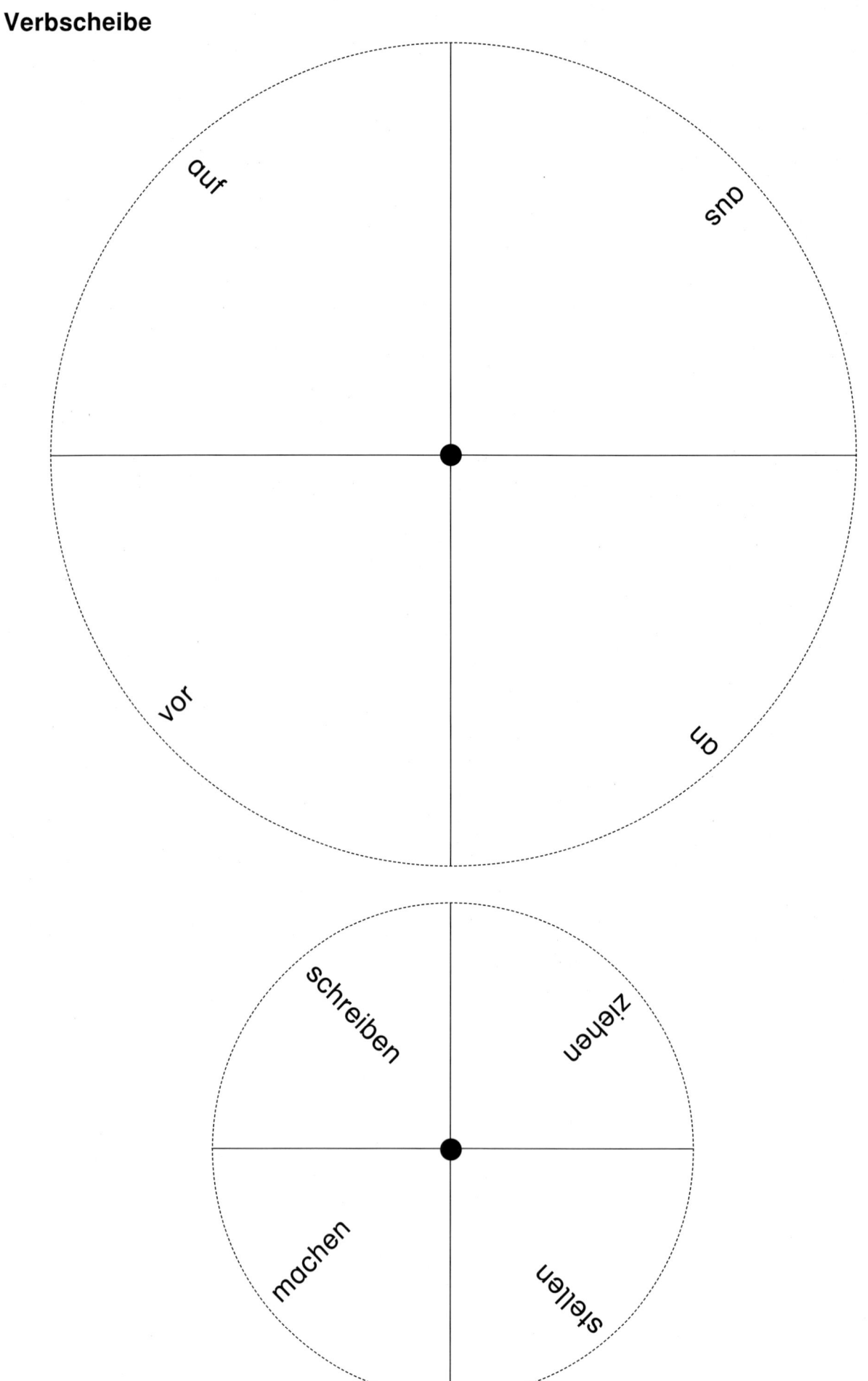

⌑ KV 20

**Verbscheibe**

(auf, aus, an, vor)

(schreiben, ziehen, stellen, machen)

Name: ..................................................

KV 21

# Im Landheim

| Zeit | Montag | Dienstag | Mittwoch | Donnerstag | Freitag |
|---|---|---|---|---|---|
| 8.00 | | Frühstück | Frühstück | Frühstück | Frühstück |
| 9.00 | Anreise | Waldführung mit Förster Hortsmann | Wanderung nach A-Dorf | Besichtigung der Bäckerei Schulze | Zimmer reinigen |
| 10.30 | Zimmer beziehen | | | | Abreise |
| 12.30 | Mittagessen | Mittagessen | Mittagessen | Mittagessen | |
| 14.00 | Freispiel | Freispiel | Freispiel | Besuch im Hallenbad | |
| 15.30 | Fußball | Geländespiel | | Schwimmen | |
| 18.00 | Abendbrot | Abendbrot | Abendbrot | Abendbrot | |
| 19.00 | Spieleabend | Tischtennisturnier | Tischtennisturnier | Abschlussparty | |
| 22.00 | Bettruhe | Nachtwanderung | Bettruhe | Bettruhe | |

**1** Beantworte die Fragen mündlich:

Was spielt ihr am Montag Nachmittag?
Wann führt ihr ein Geländespiel durch?
An welchen Tagen findet euer Tischtennisturnier statt?
Ab wann sollt ihr Bettruhe halten?

**2** Finde eigene Fragen und schreibe sie auf.
Lass deine Fragen dann von anderen Kindern beantworten.

_____

_____

_____

_____

_____

Name: ........................................................................................

KV 22

**Koffer packen**

**1** Was packst du in deinen Koffer? Schreibe auf.

Ich packe in meinen Koffer ein paar braune

Socken und den roten Schal,

_____

_____

_____

**2** Schreibe auf, was du am liebsten mit in den Koffer packen möchtest, was aber gar nicht in einen Koffer gehört.

Ich packe in meinen Koffer mein Fahrrad und

meinen Hund Wuffi.

_____

_____

_____

Name: ...................................................................................................  ▢ KV 23

**Abfahrt**

✏ **1** Schreibe Sätze. Markiere Artikel und Adjektivendungen.

a) Der Rock ist gelb.   Der Koffer ist groß.

⇒

Sie reist in **dem** gelb<u>en</u> Rock und <u>mit **dem** groß**en** Koffer</u>.

Sie reist in **einem** gelben Rock und <u>mit ein**em** groß**en** Koffer</u>.


b) Die Hose ist blau.   _____

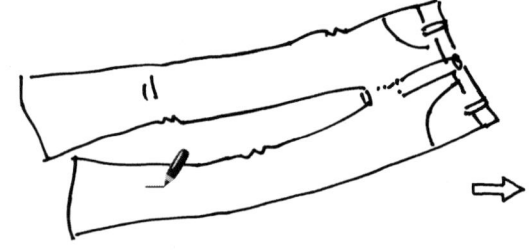

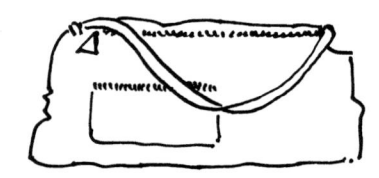

⇒

Er reist in der blauen Hose und <u>mit_____</u>

Er reist in einer blauen Hose und _____


c) Das T-Shirt ist rot.   _____

⇒

Sie reist in dem roten T-Shirt und <u>mit_____</u>

Sie reist in einem roten T-Shirt und _____

Name: _____

KV 24

**Sich fürchten**

**1** Verbinde.

Balloons left: wir, ihr, sie, du, er, sie, ich
Balloons right: uns, euch, sich, mich, dich, sich, sich

**2** Vervollständige die Sätze.

Sie     fürchten    _____    vor der Geisterbahn.

Ihr     fürchtet    _____    vor der Geisterbahn.

_____  fürchten    uns       _____.

Er      fürchtet    _____    _____.

_____  _____      dich      _____.

Ich     _____      _____    _____.


Ich     grusele     _____    in der Geisterbahn.

_____  gruselst    _____    _____.

_____  _____      sich      _____.

Sie     _____      _____    _____.

Wir     _____      _____    _____.

_____  _____      euch      _____.

_____  _____      _____    _____.

Name: ..................................................................  KV 25

## Richtig fragen

**1** Verbinde die Satzteile.

| Warst du ...? | ... wissen, was im Training los war? |
| Bist du ...? | ... etwas zu lesen haben von mir? |
| Hast du ....? | ... am Anfang sehr traurig oder eher wütend? |
| Willst du ....? | ... schon wieder ein bisschen gehen? |
| Kannst du ...? | ... jetzt viel Langeweile? |
| Möchtest du....? | ... noch im Krankenhaus? |

| Wart ihr ...? | ... zum Wandertag schönes Wetter gehabt? |
| Seid ihr ...? | ... mich mal im Krankenhaus besuchen? |
| Habt ihr ...? | ... mir auf den Gips ein Autogramm geben? |
| Wollt ihr ...? | ... schon im neuen Film gewesen? |
| Könnt ihr ...? | ... gestern in der neuen Schwimmhalle? |
| Möchtet ihr ...? | ... mir die Mathematikaufgaben schicken? |

**2** Spiele das Telefongespräch mit einem anderen Kind.

Name: ..................................................................................................

**Aus zwei mach eins!**

**1** Füge die Sätze mit *wenn* zusammen.

1. Die Lampen am Rad müssen leuchten. Es ist dunkel.

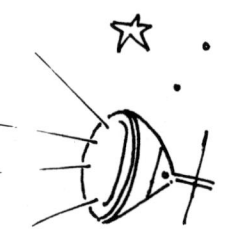

**Die Lampen am Rad müssen leuchten, wenn es dunkel ist.**

2. Er schaut auf den Stadtplan. Er weiß den Weg nicht.

_____

3. Meine Schwester fährt in die Türkei. Sie hat Urlaub.

_____

4. Du hast die Fahrradprüfung bestanden. Du hast 36 Punkte erreicht.

_____

5. Ihr schreibt uns eine Karte. Ihr seid im Urlaub.

_____

6. Mir gefallen Bücher besonders gut. Sie sind wirklich spannend.

_____

7. Die Milch schmeckt mir am besten. Sie ist sehr kalt.

_____

8. Wir gehen am liebsten ins Freibad. Im Sommer ist es sehr heiß.

_____

Name: ..................................................................................

☐ KV 27

**Wörterberg mit -heit**

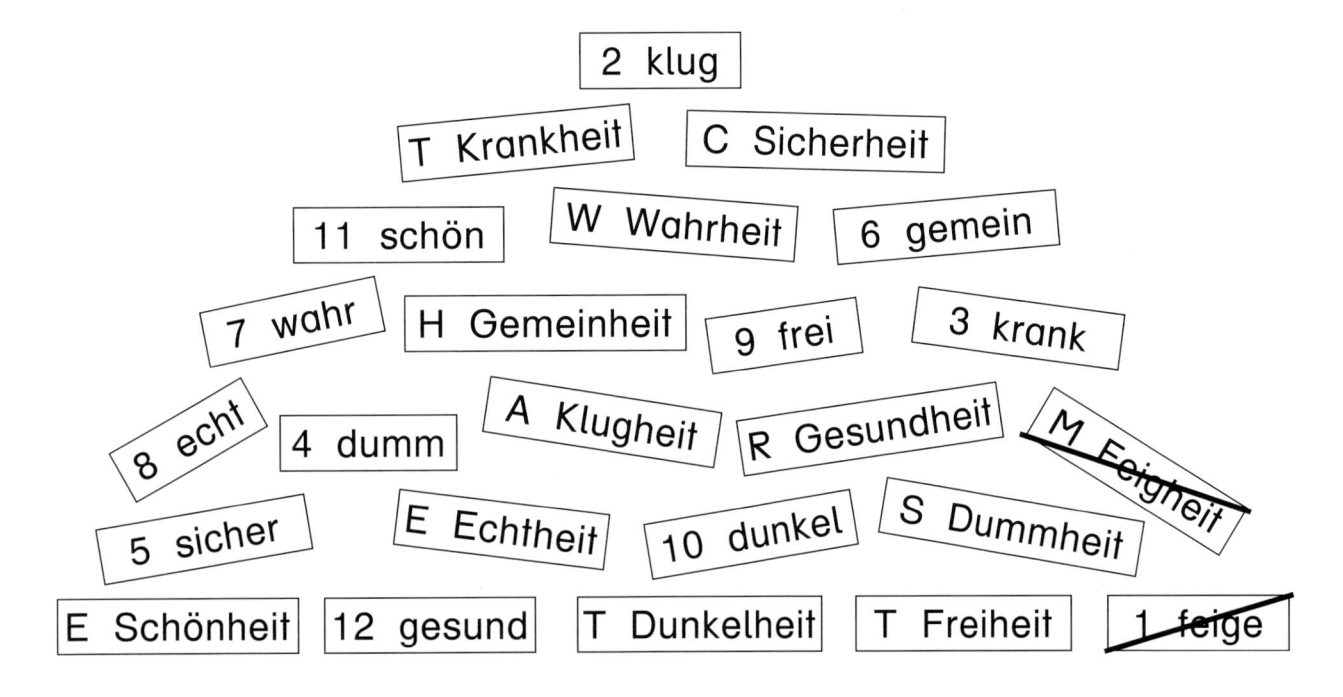

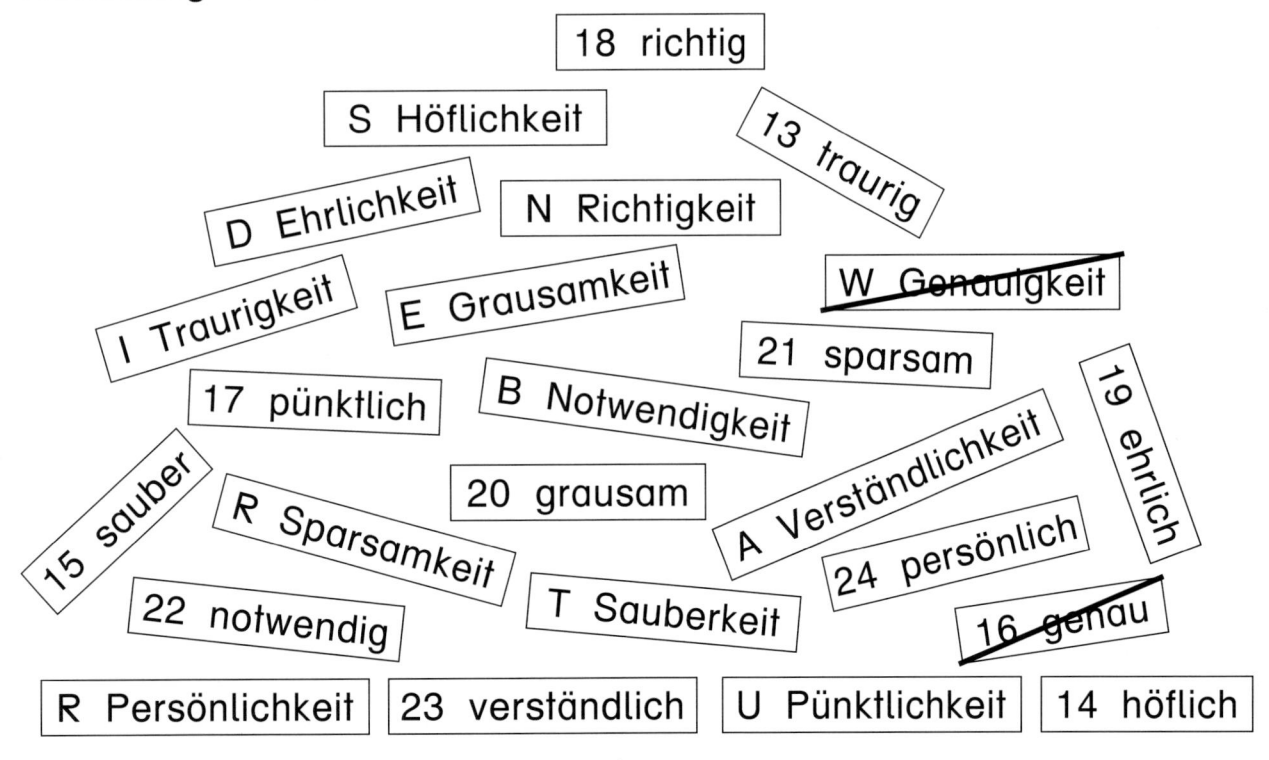

2 klug
T Krankheit    C Sicherheit
11 schön    W Wahrheit    6 gemein
7 wahr    H Gemeinheit    9 frei    3 krank
8 echt    4 dumm    A Klugheit    R Gesundheit    ~~M Feigheit~~
5 sicher    E Echtheit    10 dunkel    S Dummheit
E Schönheit    12 gesund    T Dunkelheit    T Freiheit    ~~1 feige~~

**Wörterberg mit -keit**

18 richtig
S Höflichkeit    13 traurig
D Ehrlichkeit    N Richtigkeit
I Traurigkeit    E Grausamkeit    ~~W Genauigkeit~~
21 sparsam
17 pünktlich    B Notwendigkeit    19 ehrlich
15 sauber    20 grausam    A Verständlichkeit
R Sparsamkeit    24 persönlich
22 notwendig    T Sauberkeit    ~~16 genau~~
R Persönlichkeit    23 verständlich    U Pünktlichkeit    14 höflich

**1** Löse das Rätsel. Wie heißt die Lösung?

| 1 | 2 | 3 | 4 | 5 | 6 | 7 | 8 | 9 | 10 | 11 | 12 | 13 | 14 | 15 | 16 | 17 | 18 | 19 | 20 | 21 | 22 | 23 | 24 |
|---|---|---|---|---|---|---|---|---|----|----|----|----|----|----|----|----|----|----|----|----|----|----|----|
| M |   |   |   |   |   |   |   |   |    |    |    |    |    |    | W  |    |    |    |    |    |    |    |    |

Name: .................................................................

KV 28

**Viele Berufe**

**1** Beende die Sätze sinnvoll und finde das Lösungswort.

| 1 | Der Briefträger ist der Mann, | | den Kranwagen steuert. | A |
| 2 | Der Krankenpfleger ist der Mann, | | das Essen serviert. | e |
| 3 | Die Autoverkäuferin ist die Frau, | **der** | die Räume putzt. | b |
| 4 | Die Kinderärztin ist die Frau, | | den Garten pflegt. | r |
| 5 | Der Kranwagenführer ist der Mann, | | Kranke pflegt. | i |
| 6 | Die Gärtnerin ist die Frau, | | dem Anwalt hilft. | i |
| 7 | Der Raumpfleger ist der Mann, | **die** | Briefe austeilt. | V |
| 8 | Die Serviererin ist die Frau, | | in der Bank arbeitet. | t |
| 9 | Der Anwaltsgehilfe ist der Mann, | | Kinder behandelt. | l |
| 10 | Die Bankkauffrau ist die Frau, | | Autos verkauft. | e |

| 1 | 2 | 3 | 4 | | 5 | 6 | 7 | 8 | 9 | 10 |
|---|---|---|---|---|---|---|---|---|---|----|
|   |   |   |   |   |   |   |   |   |   |    |

**2** Finde selber noch vier Berufe, die du beschreiben kannst.

_____

_____

_____

_____

Name:

□ KV 29

**Berufs-Memo 1**

1. Schreibe die Berufe auf das richtige Kärtchen.

| die Bäckerin | der Schlosser | der Fleischer |
| die Briefträgerin | der Dirigent | die Polizistin |
| der Feuerwehrmann | die Lehrerin | der Bauarbeiter |
| der Mechaniker | die Ärztin | der Schaffner |

Name: ....................................................................

KV 30

**Berufs-Memo 2**

1. Trage ein, wie es im Dativ heißt.
2. Schneidet alle Kärtchen aus und spielt Memo.

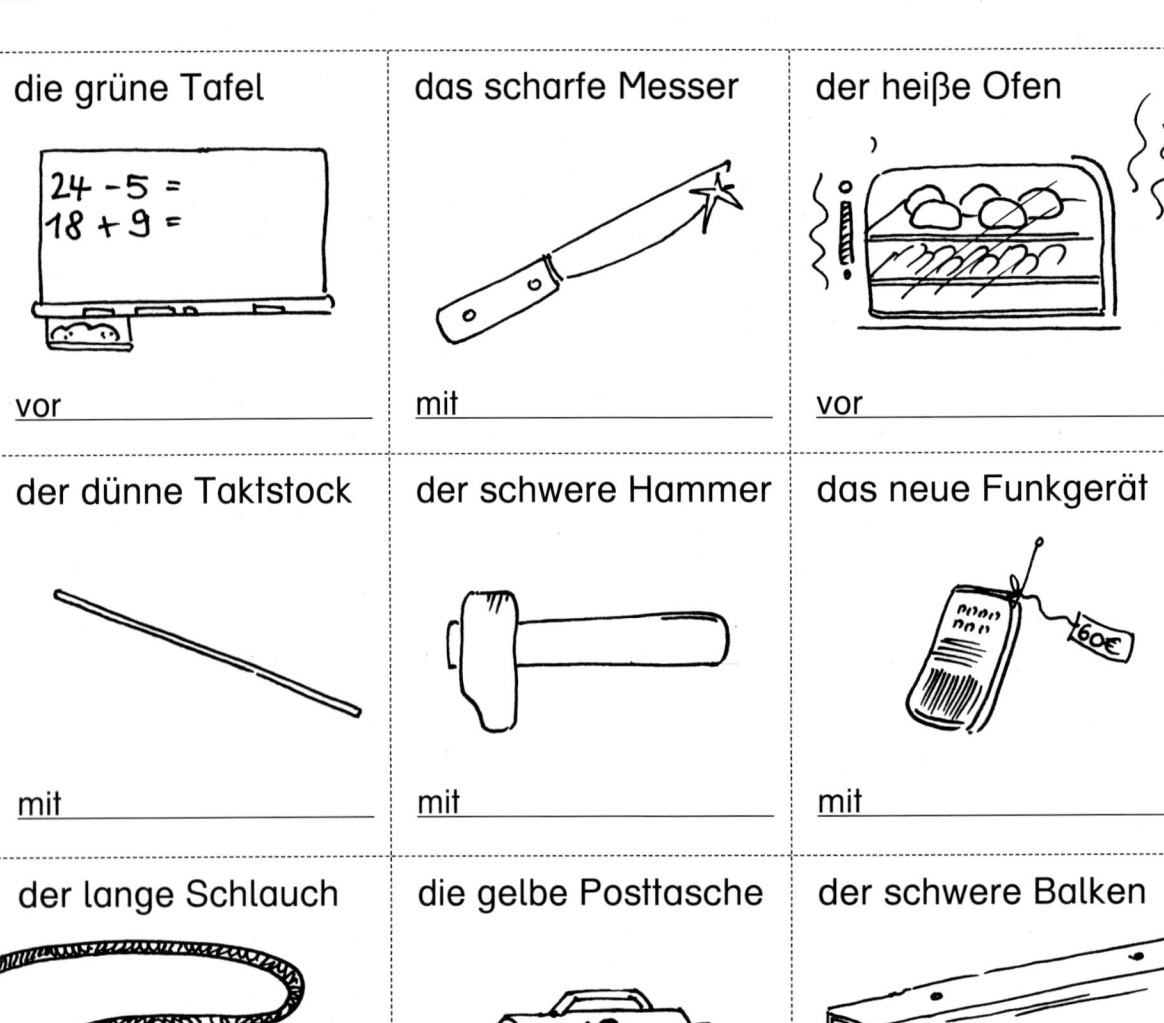

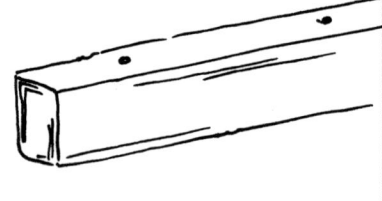

| die grüne Tafel | das scharfe Messer | der heiße Ofen |
|---|---|---|
| vor _____ | mit _____ | vor _____ |
| der dünne Taktstock | der schwere Hammer | das neue Funkgerät |
| mit _____ | mit _____ | mit _____ |
| der lange Schlauch | die gelbe Posttasche | der schwere Balken |
| mit _____ | mit _____ | mit _____ |
| der platte Reifen | die lange Spritze | der volle Zug |
| vor _____ | mit _____ | vor _____ |

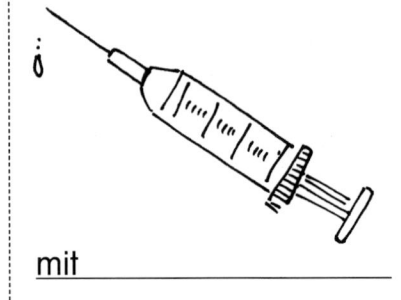